앵두 익는 마을

마중물 시인 임의진 참수필집

앵두 익는 마을

섬앤섬
somensum

차례

빈센트

나는 고흐를 사랑한다. 고흐도 나를 사랑해. 그런데 아버지 서재에 있던 두꺼운 화보집 가운데 고흐 편을 찢어설랑 딱지놀이를 했던 어린 시절도 있었다. 고흐는 알고 있을까. 아마 모르는 게 정신건강에 좋을 걸?

암스테르담의 고흐 박물관에 걸려 있던 그림 〈반 고흐의 침실〉 같은 내 방. 온통 노란색 흙방……. 빈 꽃병엔 어떤 꽃을 담을까. 벽에 걸린 액자에는 올리브 나무 아니면 사이프러스 나무들. 우울한 거울과 자화상도 똑같이 걸려 있다. 또 두 개의 밀짚모자도 걸려 있는데 햇살 부신 동네에 살게 된 고흐는 밀짚모자를 좋아해서 그림에 자주 등장 시켰다.

고흐가 살던 아를 마을 노란 집에 찾아오는 최고로 반가운 손님은 역시 우체부였다. 동생 테오의 답장을 오매불망 기다리던 형 고흐. 우체부가 오면 그동안 써두었던 편지를 직접 부치기도 했다. 볼이 툭 튀어나온 우체부는 제복을 입고 다녔는데 수염이 유난히 텁수룩했다. 마치 나처럼 수염을 길게 늘어뜨린 우체부의 이름은 '롤랭'이었다. 고흐는 이 우체부를 직접 화폭에 담기도 했는데 롤랭의 얼굴은 자부심으로 가득 차 있어라.

남녘교회에도 하루에 한 차례씩 우체부 아저씨가 오신다. 남프랑스의 프로방스 못지않게 이곳도 햇살이 부시고 날씨는 따뜻하며 꽃과 청보리가 출렁거리는 남녘땅이다. 나는 우체부에게 〈폴 고갱의 안락의자〉에 그려진 의자와 같은 모양의 의자에 앉으시라 권한다. 고흐가 고갱을 추억하며 그린 그 그림 속 의자엔 책 한 권과 촛대가 나란히 있었지. 우체부가 보통 내게 가져다주는 건 소포상자로 배달되어 오는 책과 친구들의 편지들이다. 가끔 촛불 아래에서 나는 책을 찬찬히 읽기도 한다. 고흐가 동생에게 쓴 《영혼의 편지》나 헨리 데이비드 소로의 《월든》 그리고 로르카나 네루다의 시, 휘트먼의 시집 《풀잎》은 촛불 아래에서 읽으면 느낌이 완연히 달라진다. 고흐의 화보집도 촛불을 켜고 보면 더욱 성스럽고 웅숭깊다. 고갱의 안락의자라 이름 붙인 의자를 우체부에게 내어준다. 우체부는 의자에 앉아 내게 온 소포를 뜯어주기도 하는데 그럴 때면 오래된 친구 같고 이웃집 아저씨 같아.

우리는 두 개의 의자에 앉아 커피를 마신다. 나는 그림 속 노란 의자처럼 생긴 나무 의자에 앉아 커피가 식도록 생각에 잠길 때가 많다. 의자에서 비행기가 떠가는 먼 하늘을 바라보기도 하고 곰곰 생각에 빠져들어 개가 발가락을 핥는 것도 모를 때가 있다. 우체부는 배달할 우편물이 산더미 같은데도 목사관에서 나랑 황홀한 커피 시간을 잠깐 즐기곤 한다.

"목사님! 잘 마시고 갑니다요. 마당 구석데기에 저 보라색 꽃이 뭐당가요. 참 이쁘게 피어부렀네요."

그러고 보니 마당엔 보라색 아이리스가 피기 시작했네. 보랏빛 아이리스는 샛노란 해바라기와 함께 고흐의 단골 소재였다. 근처 초등학교부터 길에는 생레미의 포플러 나무가 길게 늘어서 있고 북서풍이 불 때쯤이면 까마귀가 밀밭을 후후 날아다닐 게야. 〈아를의 랑글루아 다리〉처럼 생긴 우리 동네 기룡교. 모자를 눌러쓴 자화상의 농부들이 그 다리를 건너다닌다. 다리에 사람이 보이지 않으면 이제 〈별이 빛나는 밤〉이 되었음이다.

심심한 날 밤엔 읍내로 나가 〈아를의 포럼 광장에 있는 밤의 카페 테라스〉와 같은 찻집에서 친구들을 만나기도 한다. 〈론 강의 별이 빛나는 밤〉처럼 탐진강 위로 별들이 촘촘 뿌려진 밤. 제 목숨 다해 보석조각으로 반짝이는 별들. 보라색 제비꽃이 핀 봄날부터 나는 밤바람을 쐬며 별을 구경하는 일이 커다란 낙이고 빼놓을 수 없는 일과렷다.

깊은 밤 기타를 꺼내 고흐를 생각하며 노래도 불러본다. 돈 맥클린이 불러 유행했던 팝송 〈빈센트〉를 기억하는가.

"스타리 스타리 나잇. 페인트 유어 파레트 블루 앤 그레이……."

'스타리 스타리 나잇' 노랫소리가 울 밖을 넘고, 블루와 그레이의 밤하늘에 턱을 괸 별들이 쫑긋 노랫소리에 귀를 기울인다. 나는 그림자가 사라지고 없는 밤이면 너무나 외로워서 이 노래를 종종 부르곤 한다.

고흐의 그림 가운데 내가 가장 좋아하는 것이 바로 〈타라스콩Tarascon으로 가는 길 위의 화가〉다. 고흐가 이젤을 메고, 오른손에는 물감통을, 왼쪽 옆구리에는 캔버스를 끼고, 아를 가까운 타라스콩으로 걸어가는 풍경. 그런데 안타깝게도 이 그림은 1945년 독일의 한 미술관에 화재가 나는 바람에 한 줌 재가 되고 말았단다. 이 그림에는 색다름이 하나 있다. 바로 길바닥에 뚜렷이 일렁거리는 고흐의 검은 그림자다. 나는 사람의 검은 그림자를 사랑한다. 어딘지 어둡고 안타까운 검은 그림자. 가여운 눈물과 창백한 그늘을 연민하며 사랑한다.

목사가 되려고 소망했던 빈센트 반 고흐. 목사의 아들이었던 고흐는 우여곡절 끝에 브뤼셀의 전도사 양성소를 마치고 벨기에의 탄광촌에서 전도사로 사역했다. 가난과 폐병에 시달리는 광부들 편에 섰던 고흐, 광업소는 물론 교회의 눈엣가

시가 되었고 결국 고흐는 광부들의 시위에 함께했다가 전도사 직을 박탈당했다.

귀족 대접받는 목사이길 원하지 않았고, 교회와 광업소의 편이 아니라 잦은 매몰 사고와 병마에 신음하는 광부들을 위해 살았던 전도사 고흐에게는 어쩌면 당연한 결과였는지도 모른다.

고흐가 교회로부터 추방당하지 않았다면 아마 나처럼 시골교회 목사가 되어 살았을 게다. 전도사 고흐는 신학생 때부터 내 우상이었다. 고흐 전기를 읽으면서 깊은 감명을 받았고 고흐가 살면서 설교했던 탄광촌, 그런 캄캄 시골을 나도 목회지로 벼르면서 서원했다.

도랑물에 호미와 삽을 씻고 집에 돌아간 농부님네, 남프랑스 아를의 빈센트가 누운 그 침실과 같은 방에 고단한 몸을 누이고들 잠들어 있을 시간. 나도 비슷한 침실에 누워 창문 밖으로 빛나는 별들을 바라본다.

마음 시렵게 뭇별은 총총하고, 낮은 포복으로 밀려드는 파도가 서러운 바닷가 마을. 베토벤의 〈월광〉을 듣다가 다시 〈빈센트〉를 불렀다가 잠 못 이루는 밤. 푸르청청 별빛 하나가 고아처럼 쓸쓸하게 남쪽 하늘에 붉다. 고흐는 세상을 떠나고 고흐가 남긴 그림만 남아 온 세상이 화폭이다. 바깥의 모든 자연이 장면 장면마다 모두 고흐의 그림 같다. 게다가 귀 잘린 고흐의 자화상은 세태와 절연한 내 모습만 같아 바라볼 때마다 코끝이 시큰해진다.

아이 때는 다 그렇겠지만 그림대회에 나가 큰 상도 여러 번 탔다. 미술선생님한테 기대와 칭찬을 많이 들었다. 막내 누나는 미술대학을 다니기도 했었고……. 가정 형편이 넉넉했으면 나도 아마 그림을 공부했을 것이다. 누나가 학비 걱정에 대학을 쉬면서 나는 너무 일찍 철이 들어버렸다. 그날로 붓과 물감을 모두 종이 상자에 담아 다락에 가둬버렸다. 그렇게 애지중지했던 물감과 작별한 뒤로 마음이 항상 무겁고 어두웠다.

때를 알 수는 없지만 언젠가 다시 그림을 그릴 날이 올 거라는 말을 항상 입에 달고 살아간다. "일만 번 똑같은 말을 반복하면 그게 현실이 된다"는 인디언 속담을 철석같이 믿고 또 믿으며…….

고샅길

길이 강물처럼 흐른다. 삶이 또한 그렇게 부단히 흘러왔으리라. 우리는 목숨을 얻고 나서부터 부지런히 길을 걷는 인생길 순례자렷다. 나에게서 너로 길은 흘러간다. 나 그대를 온전히 만나기 위해 길 위를 걷고 또 걷는다. 마침내 길에서 나는 당신, 사람을 만나게 될 것이다.

집 밖으로 다시 집 안으로 사람과 사람 사이를 오가는 길 위에서, 그러니까 노상에서 노상 지낸 세월이었다. 가다 오다 꽃구경은 덤이었고 행복이었다. 그런데 정작 울타리 안 내가 정성 들여 가꾸고 있는 꽃들에게는 자주 눈길을 못 주어 맘이 켕기고 미안했다. 꽃도 사실 길 축에 낄 존재렷다. 인생처럼 세월 따라 흐르는 목숨 아니던가. 꽃이랑 같이 피고 지고, 꽃잎 되어 냇물을 따라 흘러가는 우리네 인생.

꽃소식이 있어 구례 산동 마을에 다녀왔다. 산수유 시목이 있는 산동, 노란 산수유나무 한 그루 들고 황해바다 건너로 시집온 중국 산둥지방 처녀. 그래서 이름도 산동 마을로 지었단다. 산수유 노란 꽃이 방실거리는 산동 마을에 들러 할머니 시목에게 두 손 모으고, 친구들과 헤어져 나만 남쪽으로 다시 방향을 틀었다.

산동도 아니고 죽을동 살동에서 어떻게들 살래? 헤어지면서 친구들에게 인사로 그랬다. 도시로 다시 돌아가는 근심 가득한 얼굴들…….

밖으로 나다니느라 꽃들과 교인들에게 충실하지 못한 잘못을 반성할 겸 교회 아래 마당을 비질하고 변소 청소도 했다. 아직 재래식 변소. 수세식을 놓자는 청도 있지만 불편한 삶이 가져다주는 행복에 대해 생각해보자고 말렸다. 다음번 목사님은 아마도 수세식으로 바꿀 것이라고, 내가 머무는 동안은 이대로 살자고 했더니 협박으로들 아셨나 아무 말씀이 없으셨다. 젊은 목사가 행여 도회지로 떠나버릴까 늘 져주시고 양보해주시는 착한 분들…….

변소에서 쓰는 재와 톱밥이 떨어지고 없네. 재나 톱밥을 한 줌 뿌리면 구더기 파리가 안 끓고 냄새도 적다. 난데없이 재를 만들 재간도 없고…… 왕겨라도 얻어볼까 동네로 내려갔다. 비좁은 골목 고샅길. 길 끝에 흙빛이 감도는 반가운 집 한 채가 보인다.

부부는 어데 일 보러 나가고, 수다쟁이 새들이랑 주인 닮은 까무잡잡한 개가 빈집을 지키고 있구나. 최소한 밥값은 하고 살아야 할 개. 불청객인 나를 보고도 짖지 않고 반갑다며 오히려 꼬리를 홰홰 흔들고 난리다. 개도 외로운 모양이야. 낯선 사람도 반가운 모양이야. 주인 없는 집 창고에서 왕겨를 꺼내 한 자루 담아설랑 돌아선다. 아이들 먹으라고 구판장에서 산 새우깡이며 웨하스 한 봉지를 툇마루에 남겨놓고……. 왕겨가 조금 사라진 건 모를 거고. 과자는 누가 사왔을까 궁금할 거고……. 이 정도로 친해질 수 있어서 다행이다. 빈집을 서로 드나들 수 있다는 것. 사실 우리는 그렇게 정 깊게 오가면서 이웃을 제 피붙이로 삼아왔던 겨레였다.

왕겨 한 자루를 메고서 고샅길을 따라 걸어오는데 내 그림자가 동쪽으로 길쭉이 기울고 있었다. 내일로 닿고 싶어 그림자는 벌써부터 아침을 향해 달려가는 것일까. 동쪽으로, 아침으로 기운 그림자여!

고샅길에서는 눈이 낮때의 하늘만큼 푸르러진다. 코는 언제나 싱그러운 풀냄새, 귀는 새소리와 풀벌레소리……. 가끔 그릇 부딪히는 소리와 밥 짓는 냄새도 난다. 그럴 때면 그 골목에서 허기진 발길이 멈춰진다.

집에 가지 않으려는 그림자를 간신히 어르고 달래어 집까지 데리고 왔다. 나무를 한 그루씩 꿰찬 집들은 곧 달을 외등 삼아 내걸 것이다. 어두워지기 전에 시간이 없다. 마저 변소 청소를 하고 교회 현관계단에 앉아 첫 별을 기다린다.

싸라기별이 뜨면 이 집에 사는 사내는 오밤중에라도 밖에 나와 별구경을 한다. 기운이 팔팔한 날에는 어디서 났는지 무거운 천체 망원경까지 들고 나와 밤별을 반긴다. 구름에 앉은 별들은 그림자를 내려설랑 지상의 고샅길을 한 번씩 밟아본다. 별이 방 안으로 들어서면 백열등 알전구가 환해진다. 별인지 등인지 알 수 없는, 하늘인지 땅인지 알 수 없는…… 천지사방이 별천지 별세상이 된다.

어둠이 고샅길을 삼키는 시간이면 특별한 일이 아니고서는 외출을 삼간다. 그 틈에 뱀은 잠을 자려고 스르륵 굴속으로 기어가고, 심심한 야생 고양이는 집마다 사정을 살피러 어슬렁 저슬렁. 눈이 하염없는 날에는 노루도 내려와 사람들이 다니던 길을 살짝 즈려 밟아 본다.

이 고샅길은 누구라도 한 번쯤은 발을 디디는, 소유 없는 공유의 길이요 평화의 길.

그 길 끝에 벼락 맞은 대추나무 십자가가 있는 예배당. 그곳에 사는 사내는 십자가 나무에 달린 예수를 우러른다. 스스로를 길이라고 칭했던 사람. 그는 십자가 나무에 매달려 하늘로 길을 내어 올라갔다. 그 자신이 나무를 타고 올라 길이 되어 승천했다. 이 봄에 무슨 나무를 심을까. 나무 하나 높이 심어 하늘로 길을 내고 싶어라.

청명 한식에 나무 심으러 가자! 무슨 나무 심을래? 십 리 절반 오리나무 열의 갑절 스무나무 대낮에도 밤나무 방귀 뽕뽕 뽕나무 오자마자 가래나무 갈고 앉아 구기자나무 거짓 없어 참나무 그렇다고 치자나무 칼로 베어 피나무 입 맞춘다 쪽나무 네 편 내 편 양편나무 양반골에 상나무 너하고 나하고 살구나무 이 나무 저 나무 내 밭두렁에 내 나무.

청명 한식에 나무 심으러 가자! 무슨 나무 심을래? 가자가자 감나무 오자오자 옻나무 따끔따끔 가시나무 늙었구나 느릅나무 시름시름 시루나무 솔솔바람 소나무 가다 보니 가닥나무 오다 보니 오동나무 덜덜 떠는 사시나무 마당 쓸어 싸리나무 이 나무 저 나무 내 밭두렁에 내 나무.

나무타령은 시골동네 고샅길을 걸으면서 불러야 제 맛이다. 춥고 외로워서 나무 한 그루씩 끼고 사는 지붕 낮은 집들. 그 집들은 소박한 대문을 열어 세상 모든 길들과 연결하고, 순례자는 그 골목 고샅길을 걸으면서 나무타령을 흥얼잉얼.

내 밭두렁에 내 나무는 과연 어떤 나무일까. 나는 아무래도 십자가 나무겠다. 내 마음에 심은 나무 한 그루. 길 초입이자 끝집이기도 한 새하얀 예배당. 그곳에 심은 십자가 나무 한 그루. 내 청춘도 내 욕망도 다 저 핏빛 처절한 사랑을 상징하는 나무에 단단히 매달아둔 것이리라.

각시붕어

부칠 우편물도 있고, 솔직히 말하자면 혼자 집에 있기 외로워서 아침 일찍 읍내를 찾았다. 외롭다기보다는 입이 근질근질했다는 표현이 적절할 듯싶다.

"어, 무슨 일로 읍내에 다 나오셨답니까요?"

서점 앞 횡단보도를 지나는데 안골 사는 윤성이를 만났다. 먼 도시로 나들이를 간다거나 동네 분들과 어울리는 자리가 아니면 거의 칩거로 일관했던 몇 해가 있었다. 읍내를 배회하는 나를 구경하게 된 것은 최근의 일일 것이다. 뭐 그런 때가 있으면 이런 때도 있는 것이지.

"나는 읍에 나오면 안 되냐?"

"날이 보통 쌀쌀한 게 아니랑게요. 뜨거운 꽃다방 커피, 어떠세요?"

"그럴까? 근데 커피는 네가 살 테냐?"

"아이고나 커피 두 잔 값이 얼마나 된다고 그러십니까. 짠돌이 소리 두고두고 들으실라고요."

"아예 협박을 해라, 협박을."

바쁘다고 내빼는 게 상책인 줄 내 모르는 바 아니지만 우리 교회 교인의 눈에 넣어도 안 아플 아들에다가 랭킹 상위권이 무난한 내 귀한 말동무요, 성실하기로 소문이 자자한 젊은 농부 윤성이가 아닌가. 순간 마음이 약해지고 마는구나.

"일단 저거나 좀 먹을까? 나 시방 겁나게 출출하구나."

터미널 앞에 붕어빵 장수가 보였다. 방금 건진 누르튀튀한 붕어빵이 아주 맛나 보였다.

"목사님 체통이 있지 길바닥에서 붕어빵을……."

"내가 무슨 넥타이 매고 머리에 기름 바른 목사냐?"

윤성이가 붕어빵을 하나 먹을 때 배고픈 나는 두 개씩 집어 먹었다. 아침밥으로 대신하는 미숫가루가 떨어져 끼니를 걸렀더니만 허기가 단단히 졌던 모양이다.

윤성이는 홀어머니를 모시고 산다. 외지를 전전하다 고향으로 돌아와 스무 마지기 나락 농사를 짓고 있는데 지난해부터 늦깎이로 면소재지에 있는 대학을 다니고 있다.

농부 겸 대학생이라. 말이 대학생이지 밤낮 안 가리는 술로 부식된 얼굴에다 볼록 튀어나온 똥배는 아저씨 냄새가 풀풀 난다. 윤성이 어머니는 아들놈이 대학을 다니다 보면 참한 여대생이라도 하나 꿰찰 거라 철석같이 믿고 계시지만, 물론 그러면 오죽 좋겠는가마는, 요즘 어떤 아가씨가 농사꾼한테 시집을 오겠다고 나서더란 말인가. 여자 친구는커녕 같은 학과 학생들도 오빠나 형이라고 안 부르고 아저씨라 부른다며 윤성이는 투덜투덜거렸다.

결혼 적령기를 넘긴 사람이 제짝을 찾을 가능성은 원자폭탄 투하 뒤에 살아남을 확률보다 낮다던가? 《해리가 샐리를 만났을때》라는 영화에서 주워들은, 참으로 가혹한 대사렷다. 우리 윤성이도 짝 없이 결혼 적령기를 넘기고 기어코 노총각 대열에 합류하고 말았으니 이 일을 어찌해야 한단 말인가. 원자폭탄 잿더미를 헤치고 무사히 살아 돌아올 수 있을 것인가? 참한 색싯감을 꿰차고서 말이다.

우리가 개시였나, 다방엔 손님이라곤 없고 아침드라마에선 부부끼리 다투는 소리만 시끄러워라.

"오늘은 수업 없어?"

"토요일이잖아요."

"아, 그렇군."

윤성이가 담배를 꺼내 물고 화랑성냥에서 얻은 불을 지핀다. 슬쩍 내가 지펴주고 싶은 담뱃불.

"오늘은 말이다. 우리 둘이 짝짜꿍하며 놀라고 만난 운명의 날이니까 배신 때리지 말고, 나 따라서 목사관에나 가자꾸나. 친구가 보내준 차가 있는데 아직 개봉도 안 했다. 차 마시면서 노래도 부르고 딩가딩가 놀다가 출출하면 칼국수나 맛나게 끓여 묵자야."

"내일이 주일인데 설교 준비도 하셔야 되고 바쁘시잖아요?"

"무슨 설교 준비를 하루 쥉일 한다냐? 네가 그렇게 날 걱정해 주는지 미처 몰랐다잉."

'토요일은 밤이 좋아' 어쩌고저쩌고 하면서 토요일 밤만 되면 한잔 걸치자고 엄호꾼들까지 총동원하여 전화질을 해대는 놈이, 사탄도 부족하여 연탄에 구공탄인 녀석이 무슨 고양이 쥐 걱정을 다 해주네. 언제부터 내 목사 노릇을 걱정했다고 휜소리냐?

금방 눈이라도 쏟아질 듯 거무튀튀한 하늘. 그러나 눈 소식은 없고 내일쯤 비가 내릴 거란다. 윤성이가 모는 작고 낡은 소형차가 앞장을 서며 만덕산 자락 우리 동네로 입성했다.

동네 초입 교각 아래 무슨 구경이 났는지 주민들이 죄 모여 있었다. 교회당 주차장에 차를 세우고 교각으로 걸어갔다. 상훈이 아빠를 비롯하여 동네 젊은 축들이 떡붕어를 잡는다고 개울물에 들어가 계셨다. 어르신들은 붕어매운탕에 '쐬주' 생각으로 침을 꼴깍이며 구경이셨고.

물고기 잡는 일이라면 누구보다 환장을 하는 윤성이가 아닌가. 참새가 방앗간을 그냥 지나칠지는 몰라도 붕어 잡는 일을 뒤로 물리고 모르는 척 눈감을 윤성이는 아니렷다. 어느새 집에 다녀왔는지 손에는 족대가 하나 들려 있었고 허벅지까지 차는 고무장화도 신고 있었다. 에구, 이 눈먼 붕어들아! 윤성이에게 잡히는 덜떨어진 붕어들이 다 있군. 손바닥만 한 붕어들부터 이만한 붕어들까지 돌 틈이며 수초 밑에 붕어가 저렇게 많이 살고 있었구나.

찬물 때(한기가 물에 서린 때) 잡은 붕어를 두어 마리 앉히고, 무 송송 썰어 넣고, 매운 고추를 팍팍 썰어 쟁이고, 고사리 말린 것도 조금 집어넣고 끓인 매운탕 맛은, 국물 맛이 참말 끝내줄 게다.

간만에 녹차로 배를 불려 맑은 눈을 가져보려 했거늘 난데없는 붕어잡이에 휘말려 이 무슨 어지러운 난장판인고. 양동이를 들고 윤성이를 쫄쫄 따라다니며 붕어를 챙기느라 콧김은 씩씩, 한 마리라도 더 잡자고 눈은 뻘게질 대로 뻘게져 있으니.

족대 그물에 걸려 올라온 예쁜 각시붕어들이 보였다. 손톱만한 크기의 각시붕어. 무지갯빛의 각시붕어. 피라미는 먹어도 각시붕어는 먹지 않고 놓아주는 법이다. 작고 맛이 없어 그러기도 하지만 각시붕어는 잡아먹어서는 큰일 날 것 같은, 그런 고운 이름을 가졌기 때문이렷다.

"각시붕어를 이렇게 많이 살려줬는데 너 올해가 가기 전에 각시 될 여자 친구 꼭 생기겠다야."

"제발 조깐 그랬으면 좋겠네요. 올해는 가을도 무지하게 안 길었습니까. 이제는 겨울이라고 밤이 또 너무도 길당게요."

내 말 때문이었을까? 윤성이가 각시붕어를 놓아주는 모습이 참으로 지극하구나. 휘딱 물에 내던지는 게 아니라 마치 물고기를 방생하는 불자들의 정성 어린 손길처럼 사려 깊게 각시붕어를 놓아주고 있다.

각시붕어야! 저 은혜를 잊지 말아라. 날 따듯하고 좋은 어느 봄날. 농촌 총각 윤성이에게 족두리를 하고 달려들 처녀 하나 어떻게 안 되겠니? 윤성이 방에 어지러이 붙어 있던 팔등신 여배우 사진을 네게 디밀며 그런 비슷한 글래머를 요구하지는 않겠다. 그러나 후대를 생각하여 머리는 그래도 지혜롭단 소리는 듣는 정도? 가난하다고 도망치지 않을 정도의 의리와 참하고 상냥한 마음씨도 가졌으면 좋겠고, 땀 냄새 흙내음을 분 냄새 향수내음보다 좋아 하는 여자라면 욕심이겠니? 나락 치는 콤바인을 몰고 들로 나가면서 콧노래를 흥얼거릴 수 있는 그런 처자는 어디 없을까?

"얼른 담지 않고 넋 놓고 뭐 하고 계신다요? 저러다 물로 모두 내빼겠네."

"옴마나야, 요놈은 팔뚝만 하다잉. 근디 거시기 붕어 말고 여자를 보내달라니까는 그러네."

"시방 그게 무슨 말씀이래요?"

"아니 거시기 거 있어. 너한테 한 말이 아녀. 넌 계속 붕어나 잡어."

미역국

앵두가 그렁그렁 여물고 있는 장독대 너머로 키 작은 풀꽃들이 하하 호호 후후 다투어들 벙긋대고 있어라. 녀석들 앞에서 나도 따라 실없이 새살거려본다. 한데, 너그들 오늘 웃는 낯이 쪼깨 요상타아? 내 얼굴에 뭐가 묻기라도 했냐? 아니라면, 내 옷차림 때문에? 어라, 그렇다며 고개를 앞뒤로 끄덕이네.

"너희들만 예쁜 옷 입고 나는 만날 작업복만 걸치고 댕겨? 나도 멋 부릴 줄 안다야."

나를 본 게 며칠 되지 않은 꽃들인지라 내 이런 말쑥한 차림이 낯설고 생경한 모양이다.

요것들아, 나이 한두 살 더 먹은 언니 꽃들한테 물어봐라. 이 아저씨가 때에 따라 얼마나 멋쟁이 신사로 변신하는지 말이야.

외출복과 작업복의 차이가 하늘과 땅 차이만큼은 될 나는, 집이나 동네에서는 거지도 그런 상거지 꼬락서니가 따로 없다. 불쑥 나를 찾아온 손님들이 보기에 흙 범벅인 옷이며 털벙거지차림이 딱 거지왕자 행색이다.

'이 인간이 임의진이라니 적잖이 당황스럽군.'

내 겉모양에도 기대를 품었던 분들은 착잡한 심정이 드는지 오늘 날씨가 어쩌고 하면서 애먼 소리를 먼저 내두르신다. 해지고 닳은 깜장 운동화며 발가락 사이에 달라붙은 진흙, 삽 못이 큼지막하게 박인 꺼칠한 손바닥, 손톱 아래 낀 검은 때까지 상상 속의 그 신선이 아닌 때문인가?

그러나 외출을 할 때의 나는 완전히 다른 차림이 된다. 뉴요커에 파리지앵이 뭐 별것이더냐. 목욕재계하고 손톱 발톱 단정히 깎고, 신발도 깨끗하게 빤 스니커즈를 꺼내 신는다. 그리고 옷 만드는 친구가 선물해준 맞춤옷도 종종 꺼내 입고, 티셔츠도 맵시 있게 적당한 걸 골라 입는다. 시골구석에 틀어박혀 사니께로 '빠숑'에는 문외한일 줄 알던 무지 섭섭하지.

오늘은 때 이른 감이 없지 않으나 어머니가 빳빳하게 풀 먹여준 푸른 모시옷을 꺼내 입었다. 내가 애지중지 해쌌는 이 옷은 결혼식에 갈 때나 꺼내 입는 옷이다. 하얀 동정이 달려설랑 순정하고 기품 있어 보인다. 도대체 어디를 가기에 그리 옷차림에 신경을 쓰느냐고? 그럴 만한 사정이 다 있으니까 그렇지.

나는 오늘 새내골 사는 인호 씨와 희은 씨 사이에 태어난, 세상 밖 구경이 두어 주밖에 되지 않은 어린 생명을 알현하러 가는 길이렷다. 첫인상이 평생을 따라 간다지를 않던가. 나를 처음 보게 될 아기에게 좋은 인상을 주고 싶어 나름 신경을 무지하게 많이 썼다. 뿐만 아니라 아기의 이마에 성호를 긋고 뽀뽀를 하려고 이빨도 평소보다 오 분은 아마 더 닦았을 걸? 이태리타월로 박박 때를 미는 바람에 손등은 쓰라리기까지 하구나.

희은 씨가 아이를 낳았다는 소식을 들은 것은 오랜 가뭄 끝에 반가운 비바람이 불어치던 날이었다. 날씨도 그렇고 해서 음악을 있는 대로 크게 틀어놓고 흐늘거렸다. 앞으로 누워서 삼십 분, 뒤로 누워서 삼십 분……. 그렇게 계란부침처럼 퍼져서 허송세월을 즐기고 있었다. 토독 토도독 비 떨어지는 소리가 전하기 버튼을 누르는 소리처럼 들려왔다. 하느님도 심심하신가?

순간 약속이나 한 듯이 토독 토도독 따릉 따르릉 전화벨이 울렸다. 수화기를 타고 들려오는 목소리는 채 가시지 않은 흥분으로 떨리고 있었다. 인호 씨였다.

"어젯밤, 드디어 낳았습니다요."

“우와! 슈퍼맨인가, 원더우먼인가?”

“시상에 산모 안부도 안 묻고 그렇게 애기 성별부터 물어보는 거이 어딨답니까? 원더우먼이구만요, 원더우먼. 영판 이쁘게 생겼는디요. 날 닮았다고들 그라시네요들.”

“그 무슨 불상사래? 애가 어떻게 생겼을지 훤하네. 흐흐. 그래 산모 건강은 어떠신가?”

“초산이라고 고생을 하긴 했재라우. 그래도 잘 참읍디다야. 한 번 나오시재만 그라십니까. 장모님까지 내려오셔서 북적북적하네요. 시원한 맥주 한잔 쏘고 자운디…….”

전화를 끊고 나는 바로 시장통에 들러 완도산 최상급 미역 한 다발을 사들고 병원을 찾았다. 유리창 너머 아이는 새근새근 자느라 나를 보지 못했다. 귀엽고 깜찍하게 생긴 딸애였다.

퇴원을 하고 집으로 돌아왔다는 소식은 들었지만 신생아의 집에 함부로 가는 것은 범절에 어긋나는 일인지라 모르는 척했다. 그러나 인호 씨는 어떻게든 아기를 빨리 보여주고 자랑할 맘에 잔뜩 안달이었다. 얼마나 기다렸던 아이런가.

두 번이나 아픈 유산을 경험한 그네들이다. 훌쩍훌쩍 울고 다니는 희은 씨를 만나는 일이 여간 미안한 노릇이 아니었다. 우리집 꼬마 해빈이 손을 잡고 걷다가도 그네 부부를 보면 붙잡고 가던 아이 손을 얼른 내려놓고는 했다. 중정머리 없이 아이 키우는 재미를 내비쳤다가는 이래저래 속상

해할까 봐서…….

안마당에 널린 하얀 기저귀들이 행복나라의 국기처럼 나부끼고 있구나. 문지방을 넘어섬과 동시에 코 안 가득 스며드는 고소한 젖비린내. 아아, 이 아기 냄새. 쿰쿰한 냄새만 맡고 살다가 이 어인 천당의 향기인고. 흠 흠 흠 젖내에 홀리며 아기의 볼따구니로 얼굴을 가져다댔다. 동방박사의 예물처럼 내려놓은 것은 앙증스럽게 생긴 꽃신 한 켤레.

"발이 이렇게 작은데 언제 커서 신을래?"

엄지손톱만 한 아기의 발을 만지며 엄마는 조급한 마음이 드나보다.

인호 씨는 아빠가 되었음을 자랑하고 싶은지 흡족한 미소를 연방 공중에 날려댔다.

"정말 '고자, 내시'는 아니었던가 보네?"

나의 일격에 인호 씨는 웃던 얼굴이 샐쿵 일그러졌다. 희은 씨 얼굴은 복숭아꽃보다 빨개져버렸고.

인호 씨는 기어이 밥 한술 뜨고 가라며 상을 보았다. 미역국 세 그릇이 나란히 앉아 있었다. 애기 엄마가 먹고 있는 미역국. 참말 고소하고 시원하고 쫄깃쫄깃한 미역국.

저녁 밥상 물리고 설거지하시는 어머니에게 내일 아침에는 미역국 좀 끓여 먹자고 그랬다. 그러자 어머니가 뜬금없어하셨다.

"미역국은 왜야? 누구 생일도 아닌디."

"새로 애기를 낳은 집에 댕겨왔드니만 미역국이 갑자기 땡겨서요."

"그라믄 애기를 하나 더 낳아. 그라믄 되제."

"아이고 되었네요. 싫으심 실가릿국(시래깃국)이라도 한 양푼 끓이시덩가요."

"아냐, 알았네. 자그당(좌우간) 당신 알아서 하시겄재만 하나는 절대 못 써. 외로버서 말이시. 작두시암(작두샘)에 바가지도 둘은 둥둥 띄워놓아야 서로 재미가 붙고 다정히 춤도 추고 그라지 않등가."

내 홈방으로 건너가기 전에 물을 한잔 마시려고 부엌에 들렀더니 국솥에 미역다발이 보였다. 내일 아침에는 고등어 반찬이 아니라 미역국을 맛볼 수 있겠구나. 뒤따라 나오신 어머니는 나를 불러 세우시더니 아주 다짐을 받으실 태세로 재차 말씀하셨다. 어머니 말씀대로 살았다간 흥부네처럼 영락없는 '자식 부자'가 되고 말았을 게다. 어머니들은 왜 그렇게 자식 욕심이 많으실까. 그 험한 고생살이를 겪었으면서도…….

세발자전거

나보다 한 살 많았던 형은 '다운증후군'이란 장애를 갖고 태어나 동네 아이들에게 만날 놀림감이었다. 하지만 동네에서 어떻게 보이든 부르든 우리 집에서만큼은 형 이름 석 자를 꼬박꼬박 새겨 불렀고, 부모님은 형을 최우선으로 대했다. 목사였던 아버지는 형 때문에 곤란한 일을 계속 겪어야 했다. 일단 교인들이 몇 수 나오지 않았고, 남은 교인들도 형을 보면서 목사님의 축복기도를 힐끗 의심했다.

그러나 아버지는 항상 형이 우리 집의 보배라고 말씀하셨다. 형은 하느님이 우리 집에 내린 축복이라고 그러셨다. 하지만 나는 그 말에 선뜻 동의할 수 없었다. 왜냐면 형은 적어도 내게는 부끄러움이었고 골칫거리였으니까 말이다.

하루는 형이랑 놀다가 되게 심통이 났다.

"이 버버리 모지리야!"

그랬다가 큰누나에게 들키고 말았다. 목덜미를 잡혀 감나무 밑으로 질질 끌려가설랑 작살나게 두들겨 맞았다. 나를 혼내는 누나가 더 서럽게 우는 통에 반항 한 번 제대로 못했다. 그날부터 나는 형을 '버버리'라 부르지 않기로 다짐했다. 내 머릿속에서 '버버리'라는 말을 아주 지워버렸다.

나는 형이랑 다니는 게 부끄러웠다. 아이들이 "모지리 간다!" 하고 놀리면 얼굴이 새빨개져서 도망치기 일쑤였다. 내가 점점 놀아주지 않자 형은 저수지 둑방에 올라가 송아지랑 놀았다. 송아지랑 놀다가 아예 집에 돌아오지 않아 온 가족이 찾아다니는 일이 잦아졌다.

국민학교 첫해 겨울 방학이 시작되었다. 나는 그런데 열병에 걸려 병원에 입원을 해야 했다. 의사 선생님 아이들이 세발자전거를 타면서 병원 복도를 씽씽쌩쌩 누비며 야단이었다.

"얘들아, 다른 데 가서 놀아라, 훠훠—."

간호사 누나가 말리고 나무라도 소용이 없었다.

'나도 자전거가 한 대 있으면 얼마나 좋을까.'

부러워하는 내 표정을 읽으신 아버지는 퇴원하던 날, 낡은 세발자전거 한 대를 어디선가 구해오셨다.

철공소에서 부러진 곳을 붙이고 사포로 녹을 닦고 페인트도 말끔히 칠했더니 새 자전거가 탄생했다. 나는 너무 좋아 눈바람이 치는 날에도 밖으로 나가 싱싱 자전거를 굴렸다.

자전거가 생긴 뒤로 형은 내 자전거를 밀어주는 종이나 다름없었다. 한 번은 내가 오줌을 누려고 잠깐 자리를 비운 틈을 타서 형이 자전거에 올라탔다. 내가 길길이 날뛰며 울어대자 형은 자전거 앞자리를 다시는 넘보지 않았다. 부지런히 뒤를 밀며 굵은 땀만 연신 흘릴 뿐이었다.

"세게 밀어봐. 좀 더 힘차게……"

나를 앞에 태우고서 형은 땀방울이 땅에 톡톡 떨어질 만큼 수고롭게 자전거를 밀었다. 나는 마치 그 자전거를 타고서 은하우주를 날아다니는 거 같았지만 형은 숨을 헐레벌떡 거렸다. 그래도 재미가 있어 멈출 수 없었다.

방학이 끝나고 개학이 다가오자 걱정이 하나 생겼다. 학교에 자전거를 가져갈 수는 없는 노릇. 그냥 마당에 놔두자니 형이 종일 타고 놀 것 같고. 나는 형에게 자전거를 타지 말라며 수차례 으름장을 놓고서야 학교로 발걸음을 뗄 수 있었다.

늘상 학교에 나타나던 형이 그날따라 보이지 않았다. 백프로 자전거를 타며 놀고 있을 것이 분명했다. 수업이 끝나자마자 정신없이 집으로 내달렸다.

하나 둘 셋~ 짜잔!

대문을 확 열고 들어서니, 아니나 다를까 형이 마당에서 세발자전거를 가지고 놀고 있는 게 아닌가? 그러면 그렇지…….

그런데, 그런데…… 형은 자전거에 올라타서 노는 게 아니라 하루 종일 자전거를 밀며 놀았던 것이다. 바보, 바보야…… 순간 내 가슴 저 밑바닥 깊은 데서 평생 들어보지 못한 신비한 음성이 들려왔다.

"형에게 이제 자전거를 양보하렴!"

숨이 가슴까지 턱 막혔다. 갑자기 코끝이 시큰해졌다. 내 눈에 물기가 가득해져서 앞이 잘 보이지 않았다. 그날 처음 나는 형을 자전거 앞자리에 앉혔다. 전과는 반대로 내가 열심히 형을 밀어주었다. 또 내가 타면 형이 뒤에서 밀고, 우리는 해질녘까지 번갈아가며 세발자전거를 탔다. 그날처럼 형이 깔깔 웃는 걸 본 기억은 이후로 없다.

오늘 읍내 자전거포에 들렀다가 세발자전거 한 대를 발견했다.

이제는 이 세상 사람이 아닌 형 생각이 나서 문득 눈물이 차올랐다. 형이 보고 싶어 세발자전거를 한 대 사서 예배당 아래 마당에 놓아두었다. 아무 아이나 자기 것인 양 맘대로 타고 놀았으면 좋겠다.

밤이면 밤마다 은하우주에서 형이 자전거를 타며 놀더군.

아름다운 것들은 모두 별이 되나봐. 남편 몸져 눕자 몸빼바지로 경운기를 몰다 그만 사고로 죽은 아낙, 시원하게 말

한마디 못해보고 항상 놀림만 받다가 죽은 우리 형, 모두모두 하늘에서 경운기와 자전거를 타며 놀고 있더라. 저건 세발자전거 별자리, 저건 경운기 별자리…… 가엾고 불쌍한 사람들 훈훈한 입김 모으며 하늘나라에서 부디 맘껏 웃기를…….

가라사대

남녘교회는 개신교와 천주교 성서학자들이 머리를 맞대고 번역한 《공동번역성서》를 보고 있다. 개신교 교회당이지만 학문적으로 꼭 보아야 할 외경이 딸린 천주교용으로 말이다. 구약성서 일부는 돌아가신 통일일꾼 문익환 목사님이 번역을 하셨다지.

《공동번역성서》를 사용하다 보니 쓰기는 '하느님'이라고 쓰고, 읽기는 '하나님'으로 읽는, 국어공부를 막 시작한 아이가 보아도 웃음거리가 될 요상한 교회가 되고 말았다. 아시는 분은 아시겠지만 '하느님'이라고 쓰고 읽고 부르는 것이 문법상 옳다. 그러나 개신교에서 오래 뼈가 굵어온 어르신들인지라

'하나님'이라고 읽고 부르는 것이 이미 몸에 배었으니 그렇게 하시라 할밖에.

할머니들 가운데 몇 분은 도회지에 사는 딸네들이 사다 준 개신교 성경책, '가라사대'와 '말미암아'가 도처에서 튀어나는 옛날 구닥다리 《개역성경》을 가지고 계신다. 그러나 글자를 모르시기 때문에 있어도 그만 없어도 그만. 가죽에 지퍼까지 달려서 비싸기만 엄청나게 비싼 찬송가 합본 성경책. 대다수 개신교 교회는 시대가 어느 시대라고 아직도 이런 구닥다리 고어체 가라사대 성경책을 사용한다. 목사인 나도 어려워서 잠 안 올 때 그걸 꺼내 조금만 읽으면, 아니 한두 장도 넘기기 전에 첫 문장에서부터 졸음이 댐 무너지듯 쏟아져 밀려든다. 불면증 치료에 와땁니다요!

성경책이 어려워야 교인들 앞에서 아는 척을 할 게 아니냐고, 어떤 목사님이 우스갯소리로 그러더라만 자고로 번역이란 알아먹기 쉽게 해야 되는 거 아닌가? 더구나 가난하고 못 배운 사람들이 역사의 주인공으로 서는 해방역사를 다룬 성서인데 그걸 식자층이나 알아먹을 어려운 말로 번역하고 읽게 해서야 말이 되는가 말이다.

어려서부터 구닥다리 가라사대 성경으로 배우고 자라온 나 또한 달달 외우고 있는 성경 구절은 모두가 '가라사대', '말미암아' 버전이다.

〈마태복음〉 5장의 산상수훈이 그렇고, 〈고린도전서〉 13장의 사랑 타령이 그렇고, 〈시편〉의 주옥같은 시들도 그렇다. 내가 즐겨 외우는 〈시편〉 23편 또한 구닥다리 가라사대 성경책에 쓰인 그대로다.

박집사가 교인 몇 분과 함께 군동댁 집에서 조상님 추모 예배를 보다가 군동 양반을 앞에 놓고 전도란 것을 하셨다.

"성경에 예수님께서 가라사대 나는 길이요, 진리요, 생명이라고 안 허셨습니까. 우리 목사님께서 금방 전에 가라사대, 그러기 따물로 주 예수를 따라야 쓴다고 안 그라십디여? 그래야 영생복락 천당을 선물받는다고라."

허허 참, 내가 한 말에도 '가라사대'를 붙여주시는구먼. 보통은 무람없이 엉덩이까지 토닥거리면서 큰아들 대하듯 하시던 분이…….

평생 농사밖에 모르고 자식들 가르치려고 손까지 곰발바닥이 된 군동 양반. 황소처럼 순하디 순한 저 눈, 밭은 기침 소리는 영락없는 찬송가로구나.

열성 신자 군동댁에게 두 손 들고 제사를 추모 예배로 바꾼 군동 양반, 이젠 기운이 상당히 빠진 모습이었다. 교회 나가자고 너무 닦달 말고 그냥 내버려두시라고, 다 때가 있는 법 아니겠냐면서 군동댁에게 코치로 한마디 했었다. 목사님이 그러시니까 우리 교회가 부흥이 안 되는 것이라면서 군동댁은 단박에 걱정 반 우려 반 반론을 펼치셨다.

오늘따라 박집사는 왜 또 저렇게 하지 말라는(?) 전도를 하고 난리신가.

배를 하나 깎아 먹고 나온 대문 밖, 젖부들기가 늘어진 백구가 빤히 쏘아보며 으르렁거린다. 네 아가들 데려갈까 봐 그러냐? 걱정 붙들어 매시와요. 할머니 집사님들이 조심히 가라며 한마디씩 주신다.

"네, 오늘밤 편히 주무세요들."

군동 양반이 손전등을 빌려주시겠다고 붙잡으신다.

달도 안 뜨고 어둡긴 하다. 그래도 손전등까지는 필요 없는데 기어이 들고 가라신다.

군동 양반 빙그레 웃으시며 가라사대, "예수님께서 길은 내가 반다시 지켜준다고 그라셨어도 밤에는 무조건 후라쉬가 있어야재라."

지금은 보기 귀한 국방색 기역자 손전등을 들려주시는 군동 양반. 이어서 귓바퀴에 속삭이는 목소리로 가라사대. "곧장 교회로 가십시요잉. 곡차 생각난다고 점방 들리지 마시고요잉."

힐끔 웃으신다.

"설교 뒤끝이라 기력도 없어요. 나중에 저희들끼리 한잔 꼭 하십시다요."

곧장 집으로 돌아오는 길, 콧노래를 부르다가 휘파람을 부르다가 이어지는 성경 암송. 가라사대 버전으로 〈시편〉 23편을 외운다. 첫 구절부터 마음이 차분해지고 따뜻해져온다. 잠자리에 들었을 친구들, 홀로 주무시는 분들, 군동댁, 군동 양반, 그리고 오늘 내일 하신다는 우리 동네 점쟁이 칠량댁 할매까지도 오늘밤 편히 주무시라고 기도를 대신하며…….

여호와는 나의 목자시니 내게 부족함이 없으리로다.

그가 나를 푸른 풀밭에 누이시며 쉴 만한 물가로 인도하시는도다.

내 영혼을 소생시키시고 자기 이름을 위하여

의의 길로 인도하시는도다.

내가 사망의 음침한 골짜기로 다닐지라도 해를 두려워하지않을 것은 주께서 나와 함께 하심이라.

주의 지팡이와 막대기가 나를 안위하시나이다.

주께서 내 원수의 목전에서 내게 상을 차려주시고

기름을 내 머리에 부으셨으니 내 잔이 넘치나이다.

내 평생에 선하심과 인자하심이 반드시 나를 따르리니

내가 여호와의 집에 영원히 살리로다.

피아노

호흡곤란의 시절을 견뎌냈더니 다시 온쉼표로 숨쉬기다. 불볕 통에는 동자가 풀린 눈으로 헉헉 학학 가쁜 숨쉬기였지. 가끔 집을 나서면 밟히는 땅마다 앗 뜨거워라! 나무 그늘을 찾아 주저앉고 말았었다. 그런데 그끄저께부터, 정말 그끄저께부터 서늘바람이 살풋 만져지기 시작했다. 사부랑삽작 여름 마루터기를 넘은 가을은 입추 어간을 서늘바람으로 장식하고 있는 게다.

두고 보시라. 가을이 오면 손에 손을 잡고 길을 걷는 연인들이 늘어날 것이다. 여름에는 살갗마저 더워 멀찍이 따로 걸었던 사이들이 고실고실 마른 손을 부여잡고 서늘바람 속을 활보하고 다닐 것이다. 더러 용기 있는 연인들은 서늘바람 치는 느티나무 뒤에서 몰래 입술도 나눌 것이리라. 올가을에는 그대도 부디 아름다운 사람을 만나시기를.

으흠, 사랑노래나 한 곡조 뽑아볼까나? 예배당에 들어가 피아노 앞에 앉았다. 화음이나 간신히 짚는 정도의 실력이지만서두 폼 하나는 참말 죽인다. 잔뜩 멋을 부린 폼을 잡고 앉아 긴 머리카락에 수염까지 선풍기 바람에 휘날리면서 건반을 두들기면 들을만 하기보다는 볼만은 하다는 게 후평들이다, 후후. 심심하면 장을 치라는데 나는 이렇게 피아노를 치고 앉았어라.

그럼에도 불구하고 심심증이 가시지 않으면 노을 물든 하늘에다 대고 땡그렁땡그렁 교종을 치기도 한다. 거짓말쟁이 양치기 소년인 줄 뻔히 아는 동네 사람들이니 "예배 때도 아닌디 무신 종소리라요?" 함시롱 달려올 사람은, 단 한 사람도 없다. 대부분 가는귀가 먹은 할머니들이니깐.

심심할 때 꼭 하는 짓이 있는데, 보통 교회들에서 내는 뻔할 뻰자 천편일률적인 주보가 아닌 그림으로 예쁘게 표지를 꾸미고 일주일 동안 씨름한 시와 아기자기한 동네 소식을 넣은 교회 주보가 있다. 그걸 그리운 이들에게 부치는 발송 작업이렷다. 그런데 오늘은 이 세 가지를 모두 일찍 마쳤다는 거 아닌가. 큰비가 내린 뒤끝이라 병해충 걱정으로 새벽나절 논에 들른 일 말고는 마땅히 신나는 경우가 드물다. 책도 읽기 귀찮고 마실 나가서 "목사님, 요 담근 술 한잔 잡숴보셔"라는 말에 혹해서 년년월월일일시시 오고 가는 맑은 잔에 코를 박고 사는 그 짓도 새삼 지겨웠다.

마실 나가는 일이 기쁨인 날만 있는 게 아니다. 상처가 한 뼘은 느는 일도 있어 두렵기조차 한 요즘이다. 며칠 전에는 치매로 고생하시는 평리댁 할매에게 들렀다가 방 안에 누른 대변 소변에 그만 코를 쥐고 도망쳤고, 교회 다니면 나을 줄 알았는데 병이 낫질 않자 교회 다니기를 그만둔 잣골 진씨 아재에게도 들러 병은 평안한 마음과 의료기관이 고치는 거라면서 장시간 설명을 드렸었다. 또 텃골 정씨 아재가 위출혈로 대처 어디 대학 병원에 입원했다기에 먼 길 문병까지 다녀오기도 했다. 아, 참말 다사다난한 나날들. 그런데 막상 그런 일도 없으면 금방 심심해진다는 거 아닌가.

주보를 접어 봉투에 넣고 멀리 사는 친구들에게 가을 소식이나 알릴 참으로 조그만 엽서에 몇 마디 토를 달다가 팔도 아프고 해서 윗목에다 밀쳐두었다. 갓방 냉장고에 먹다 넣어둔 김빠진 캔 맥주가 생각나 꺼내 마신다는 게 매실주까지 손을 대고 말았다. 이 날아갈 것만 같은 기분, 어찌 종을 치지 않을쏘냐. 때도 아닌데 종줄을 당겼다가 노모에게 미친 목사 소리까지 얻어듣고야 말았다. 교종을 시도때도 없이 치는 목사가 어디 있느냐는 것이었다. 맞습니다, 맞고요…….

에라 모르겠다. 예배당에 들어가 피아노나 치자꾸나. 사실

대로 이야기하자면 이런 스토리 끝에 피아노 앞에 앉게 되었던 것이다. 글랜 굴드나 호로비츠 할아버지, 키스 재릿처럼 잔뜩 멋 내면서 피아노를 두들겼다. 그러다 손마디가 아리아리해서 건반 덮개를 내렸다. 예배당 안은 우리 집에서 제일 시원한 장소다. 키 큰 달리아가 창문까지 까치발을 하고 꽃등을 밝혔기에 그 창문가 장의자에 길게 드러누웠다. 그리고 얼마쯤 시간이 지났을까.

"목사님, 저 피아노 칠게요."

은영이가 꿀잠을 깨웠다. 우리 동네 한 대뿐인 피아노, 은영이가 유일하게 피아노를 마음대로 칠 수 있는 곳. 방학 때가 아니어도 은영이는 피아노 명곡집을 들고 교회당을 찾아오곤 했다. 드뷔시의 〈꿈〉이나 차이콥스키의 〈안단테 칸타빌레〉, 베토벤의 〈월광〉을 은영이의 솜씨로 들을 때는 행복 바로 그 자체렷다. 은영이가 마르타 아르헤리치같이 뛰어난 피아니스트가 될 수 있다면 좋겠다. 마침내 라흐마니노프 〈피아노 협주곡 2번〉을 내게 들려준다면 얼마나 행복할까나.

오늘은 제가 들고 온 악보는 놓아두고 내가 펴놓은 동요책을 신이 나서 연습하더라. 내가 가장 좋아하는 동요⋯⋯.

초록빛 바닷물에 두 손을 담그면
초록빛 바닷물에 두 손을 담그면
파란 하늘빛 물이 들지요

어여쁜 초록빛 손이 되지요
초록빛 여울물에, 초록빛~
두 손을 담그면, 담그면~
물결이 살랑 어루만져요
물결이 살랑 어루만져요

피아노 건반을 누르는 손이 사뿐사뿐 나비가 춤추는 것만 같구나.

"은영아, 한 곡 더 쳐봐라."

사업 실패로 빈털터리가 되어 시골로 미끄러진 은영이네. 시골에 내려와서도 벌잇자리는 마땅찮다. 피아노에 붙은 압류딱지를 은영이가 이해하기에는 너무 어린 나이였을 것이다. 그렇게 피아노를 빼앗긴 은영이…….

아침에 나가면 저녁에 들어오는, 부시맨보다 더 검게 탄 우리 해빈이가 오늘은 일찍 귀가를 했구나.

"누나!"

"해빈아!"

둘이 손깍지를 끼고 콩콩 뛰며 반가워한다.

해빈이가 은영이 곁에 끼여 앉더니 미레도레 미미미 레레레 미미미 하며 〈떴다 떴다 비행기〉를 오른손 하나만으로 치는 거였다.

두 손으로 치려면 시간이 수월찮게 걸리겠지? 기왕 배우기 시작한 거, 해빈이도 은영이처럼 피아노를 잘 쳤으면 좋겠다. 엄마는 멀리서 학교 선생님이라 해빈이는 엄마랑 떨어져 당분간 나랑 같이 살고 있다. 해빈이는 엄마가 보고 싶으면 내 피아노 반주에 맞추어 동요를 부르다가 울며 잠들곤 한다.

"엄마가 섬 그늘에 굴 따러 가면 아기가 혼자 남아 집을 보다가……."

나 말고도 이 두 아이에게 피아노는, 우리 동네 하나뿐인 피아노는, 얼마나 귀하고 소중한 친구인가. 빚 갚으라며 빨간 딱지가 붙을 피아노는 아니니깐 마음 놓고 치거라.

그리고 부탁한다. 피아노야! 부디 이 아이들에게 오랜 친구가 되어주렴.

고무신

주전부리가 떨어져 읍내 나간 김에 신발가게에 들렀다. 타이아표 하얀 고무신 한 켤레를 골랐다. 멀리 출타할 때는 애지중지 선반에다 숨겨둔 가죽 샌들을 닦아 신고 나가는데, 아껴서 신으려고 함이 아니라 동네에서는 고무신이 세상 편하고 좋아라. 요새는 산승들이나 농군의 전유물로 그치고 말지만 과거로 거슬러 올라가면 요요한 차림의 아가씨도 고무신을 신지 않았던가. 무당서방도 마누라 굿 끝나면 돈 타내서 제일 먼저 사는 물건이 바로 꽃고무신이란다. 물론 풋내기 기생한테 가져다줄 꽃무늬로 알록달록한 고무신이겠지만. 여하튼 과거의 영화를 뒤로한 채 고무신은 이제 신발 가게에서도 찾으려면 한참이나 걸린다.

뒤축이 닳은 검정 고무신이 한 켤레 있기는 하다. 그러나 여름에는 검정 고무신이 더워 보이기도 하고 하얀 고무신이랑 짝으로 가지고 있으면 좋겠기도 해서 한 켤레 더 장만한 것이다.

"어짭니까, 요거 고무신. 깨끗하고 이쁘지라?"

"뭘라 고무신을 사. 저라고 좋은 신발짝들은 언제 다 신을라고."

"물 묻힐 때는 고무신이 최고 아니에요."

"그래도 그라재. 시대에 맞춰가믄서 살어야 쓰는 뱁이여."

'시대에 맞추라'는 어머니의 로켓탄을 맞고 나는 널브러져 자빠질밖에.

"엄니가 뭐라 글믄 잔(좀) 웃지잔 마소. 새개서(새겨서) 조깐 들으셔."

어머니는 부채를 좌악 펼치시더니 하늘을 반쯤 가리시고 마실을 나가셨다. 일리야 레핀의 그림 〈아무도 기다리지 않았다〉를 몸소 연출하실 참이신가. 아무도 기다리지 않으실 텐데, 동네엔 왜 가셔. 이렇게 날 뜨거운데 누가 반기신다고 말야. 뙤약볕에 같이 심방을 돌자고 조르지 않으시는 것만도 감사한 일인지라 가시라 마시라 일체 상관은 안 했다.

나는 새 고무신을 신고 폴짝거렸다. 돈 만 원 짜리도 안 되는 신발을 사 신고, 이것도 명색 새 신발이라고 기분이 참말 날아갈 지경이로군. 한영애가 시원하게 불러 젖힌 〈꽃신 속의 바다〉를 틀어 놓고, 한대수의 〈고무신〉도 음반 째 올려놓고 쿵쾅쿵쾅 난장놀이를 벌였다. 보고픈 바쁜 마음에 서울까지 비행기를 타고 가서 보았던 그 영화 〈천국의 아이들〉의 신발 소동을 생각하면 아, 나는 너무도 부자인 것이다. 가진 게 너무도 많은 것이다. 벌써 신발이 몇 켤레란 말인가. 그래도, "명태를 팔아서 고무신을 사서 신고 저 언덕 위에 있는 우리 촌색시 만나러 간다. 아이고 좋아 기분이 좋아!"

소나기구름이 지나갔다. 차르랑차르랑 처마를 타고 흐르는 빗소리는 지열뿐만 아니라 자발머리없이 달뜬 가슴도 식혀주었으나 소낙비 때문에 걱정이 하나 생겼다. 비야, 빨랑 멈춰다오, 소포가 젖으면 안 된단다. 내 새 옷이 젖으면 안 된단다.

우체부 아저씨가 보통 두세 시면 오시는데 오늘은 어디서 국밥을 말아 드시나 감감 무소식이로고, 어제도 오전 내내 설레어하며 우체부 아저씨를 기다렸었다. 청담동에서 옷 만드는 친구가 하나 있는데 나 입으라고 반바지에 반팔 웃옷을 만들었다는 거였다. 보냈다는 날로 보아서는 어제쯤 도착했어야 옳았다. 그렇담 오늘은 반드시 오겠지?

다다다다다. 우체부 아저씨 오토바이다. 아저씨, 어서 오세요.

도장 필요하시죠? 자, 여기 도장. 아저씨가 운전 손잡이를 놓으시기도 전에 도장부터 내밀었다.

"중요한 건가 봐요. 많이 기다리셨나 봅니다."

"중요한 거죠. 날개거든요."

"날개요?"

눈이 동그래지셨다.

"옷이 날개라 않던가요?"

"아이고 난 또 뭐라고요. 옷이구만요."

전신거울이 있는 안채에 들어가 소포를 열었다. 우와와! 역시 솜씨가 보통이 아닌 친구야. 기대 이상이군. 연둣빛 물을 들인 삼베 반바지에 웃옷은 옅은 쪽물을 들이고 애교로 왼쪽 가슴에다가 매듭까지 두었어. 한 땀 한 땀 한복을 짓는 친구의 큰 선물. 맘에 드시나요? 들다마다요. 잘 받았다는 전화를 드리곤 밖으로 나와 새 옷에 새 신발까지, 아, 이러다 입이 찢어지겠어 정말.

이거 어디 가서 자랑을 한다지? 자랑하고 싶어 도저히 못 참겠네.

꿩 대신 닭이라고, 강아지들아. 일루 나와 보거라. 이 아저씨 폼 나게 입었는데 너희들 보기에 어떠냐? 멋지지야? 표범나비야 날개때좀잠자리야 거문새똥거미야 일루 와바. 장수풍뎅이야 풀색노린재야 왕사마귀야 일루 와보라고. 아저씨 좀 봐줘라. 수국아 해바라기야 며느리 배꼽꽃아 여기 좀 봐다오.

오! 나의 구세주. 길 건넛집 남준이가 납셨군. 너 때맞춰서 잘 나타났다.

"봐라, 멋지자?"

"뭐가요?"

"옷하고 신발 좀 봐줄래?"

"옷이 뭐가 그렇게 이상하게 생겼데요. 신발은 딱 거지 고무신이네."

"요 녀석이 덜 맞고 자랐나, 뭔 소리가 그런데? 다시 한 번 잘 생각하고 말해봐."

모르고 있는 모양이군. 아침나절 읍에 나가 과자봉지를 여러 개 사 들고 왔다는 걸. 그리고 냉동실에 아몬드가 촘촘히 박힌 아이스크림도 있다는 사실을. 남준이는 관심 밖이라는 듯 꼬마 자전거나 빨랑 빌려달란다.

하얀 고무신을 신고 하들하들 새 옷을 입고 뛰어보자 폴짝. 에구구 나는 언제나 철이 들라는고. 여름이 지나고 가을이 되면 그제야 철이 들라는고. 달뜬 강에 꽃산 우거지고 묵은 쑥대 꺾어지면 채송화도 봉선화도 철이 들어 붉어지리라. 나도 언젠가는 포대기 속 아기가 섬마섬마 걸음 하듯 철딱서니 없이 이러고 다니지만은 않을 테니깐. 그때까정 순진무구 놀아보자꾸나. 철부지 아이처럼 팔짝팔짝 폴짝폴짝.

종지기

일요일이면 아침과 저녁, 때를 정하여 꼬박꼬박 종을 친다. 종지기로 일하셨던 신천댁 할머니가 소풍 끝나고 먼 길 돌아가신 후 딱히 종줄을 잡는 분이 안 나타나고, 하여 내가 그 일을 이어받아 종을 쳐오고 있다. 일이라 해봤자 종줄을 잡고 이삼 분 여쯤 적당한 강도로 당겼다 놓았다 반복하면 되는, 누워 떡 먹기나 마찬가지야.

집집마다 토방을 없애고 새시 유리문을 단 집이 늘어나면서 안방까지 종소리가 전달되지 않는 형편이다. 그러나 논밭에서 일하다 혹은 들길을 걷다가 내 종소리를 듣게 된다면 가슴은 이미 천상의 찬미로 충만하게 되리라.

부지런히 종을 쳐오다가 지난해 겨울 그만 종을 때리는 추가 녹이 슬어 부러지는 바람에 종소리와는 안타까운 작별을 하고 말았다. 이후 종추를 구해보려 백방으로 수소문을 해봤으나 허사였다. 절집의 범종을 만드는 곳은 많아도 예배당에 쓸 교종을 만드는 곳은 찾기가 힘들었다. 바쁜 일상이라 종추를 구하는 일에 매일 수도 없었고, 종소리 없는 대로도 그럭저럭 살아졌다. 종소리는 그렇게 먼 기억 저편에서나 웅웅히 뎅그렁거렸다.

앞산의 절집에서 아침저녁으로 울리는 종소리를 들을 때면 고장 난 우리 교종 생각에 쓸쓸한 마음이 일었다. 절집의 웅숭깊은 종소리를 들으며 교종 종루를 바라보는 마음이 안타깝고 그리웠다.

서울 살 때 고궁의 낙엽 구르던 광화문 언저리 성공회 대성당 나무의자에 앉아서 들었던 종소리, 약자들의 농성장을 찾았다가 명동의 성모상 앞에서 비둘기랑 들었던 종소리, 한참 방랑벽에 휘둘려 전국 명산고찰의 숲진 뜨락을 산책하고 다니던 시절 들었던 절집의 장엄한 종소리는 평생 잊을 수 없을 종소리들이렷다.

그 소리에 하나 뒤지지 않는 우리 교회 종소리였는데…….

지난 이른 봄날 애태우는 사정을 건네 들은 철공소 진택 씨가 마침내 종추를 구해왔다. 고마운 사람 진택 씨랑 둘이서 끙끙거리며 종탑에 올라갔더니 방울새 부부가 종루 언저리에 둥지를 지어 두었다. 종을 치지 않는 동안 종탑은 따로 생명을 보듬고 있었던 것이다. 종루에서 알을 품던 방울새가 종소리 대신 쪼로롱쪼로롱 울어대던 일이 선하다. 나는 방울새 지줄거리는 종루 아래에서 어릴 적 불렀던 동요를 기억해 부르곤 했다.

방울새야 방울새야 쪼로롱 방울새야
간밤에 고 방울 어디서 사왔니
쪼로롱 고 방울 어디서 사왔니
방울새야 방울새야 쪼로롱 방울새야
너 갈제 고 방울 나 주고 가렴
쪼로롱 고 방울 나 주고 가렴

새끼들이랑 멀리 날아간 방울새 식구들이 혹여 찾아와준다면 뎅그렁 쪼로롱 뎅그렁 쪼로롱, 재미있는 소리가 온 동네 들판으로 울려 퍼질지도 몰라라. 나도 종을 치면서 흥얼거리고 싶다.

"방울새야 방울새야……."

다시 종을 칠 수 있게 되자 신바람이 나서 정한 때가 아닌데도 마음 내키는 대로 종줄을 잡아당기곤 한다. 다시 종을 치면서부터는 종줄을 잡고 잠시 기도를 바치고 있다.

종지기 신천댁 할머니가 살아계실 때 꼭 그러셨다. 병으로 몸져누우시기 전까지 신바람 난 얼굴로 히죽이며 종을 치곤 하셨다.

할머니의 기도는, 하느님이 귀가 먹었나 시끄럽게 떽떽거리는 그런 기도가 아니라 입 안으로 우물우물 삼키는, 고요하여 이윽고 깊어진 그런 기도렷다. 식사 전에는 물론이고 밭에서 김을 매실 때도 객지 나간 자식들이 돌아오거나 떠나갈 때도 할머니는 늘 비손을 모으고서 기도를 바쳤다. 그런 할머니의 모습은 참말 보기 거룩하고 정겨웠다.

이 저녁, 종소리를 듣게 될 모든 이들의 평화를 빌며 나도 할머니처럼 눈을 감고 기도를 바친다.

아무래도 목사보다 종지기가, 설교보다는 종 치는 일이 내게 더 잘 맞는 일인 듯싶다.

거지

누추하기 짝이 없는 거처인지라 겨우살이가 풍찬노숙에 진배없다. 마을에서 외딴 바람벌판에 세워진 목사관. 교회당에 딸린 내 방은 원래 창고였는데, 내가 들어와 개조하여 거처로 삼기 시작했다.

아버지 하늘나라 돌아가시고 어머니 홀로 기와 얹은 목사관에 거처하시는데 나는 따로 함석지붕 창고를 숙소 겸 기도실로 쓰고 있는 것이다. 구들방이라 추운 밤 아궁이에 장작불을 안 모았다간 얼어 죽기 딱 좋은 누추한 방 한 칸. 이곳에서 어언 몇 해째 기숙이런가. 젊어서 고생은 늙어 신경통이라는 우스갯소리가 있는데 웃을 일이 아니야. 뼛속까지 진짜

시리기 때문이렷다.

체험으로 얻은 지혜가 모여 첫해처럼 오돌오돌 떨며 동사 직전까지 가는 불상사는 없게 되었다. 두꺼운 비닐을 사다가 바람 틈마다 안팎으로 단도리를 마쳤고 엊그제는 하루 종일 불을 때서 구들도 미리 숨통을 터놓았다. 하였더니 온기하고는 상관없던 윗목까지 훈기가 느껴지누나. 엄동설한 거처하는데 한시름은 덜게 되었다. 목재소에서 얻어온 자투리 목재는 그만하면 올겨울 지낼 장작으로 충분하겠고, 불쏘시개로 쓸 마른 콩대며 잔솔가지도 더미로 쟁여둔 뒤다. 식량 걱정도 없게 되었다. 교회에 다니지 않는 마을 분까지 나눠 먹자면서 이고 지고 온 쌀도 벌써 대여섯 가마니가 넘는다. 뜨신 방에 뜨신 밥이라, 이만하면 엄동설한이 하나 두렵지 않아라. 더 이상 무엇이 필요하단 말인가. 앞갈망이 해결되니 시름으로 무겁던 가슴까지 이삿짐 빼낸 듯 가벼워졌다.

하늘이 우중충한 것으로 보아 방약무인하기 짝이 없는 칼바람만 불어친다면 첫눈도 기대해볼 만한 어간이다. 콩밭에 들어가 두부를 찾는다더니 성질머리하고는 벌써부터 첫눈 타령이냐 하시겠다. 사실 요새 나는 마법사나 된 듯 토방에 쪼그리고 앉아 마른하늘을 치어다보며 피터 폴 앤 메리의 아름다운 노래 〈크리스마스 디너〉를 배경음악 삼아 싸락눈 흩날리는 성탄 전야를 소원하곤 했다.

그래서일까. 진짜 바람이 서너 배나 차가워진 느낌이다. 바람이 지나가자 나무들이 일제히 춥다며 어덜덜 떨어낸다. 나무는 이제 아무것도 가진 게 없는 알거지 신세로구나.

이걸 보고서 일본의 옛 시인 고바야시 잇사는 이렇게 노래한 걸까.

저무는 가을
거지가 내 옷을
오랫동안 쳐다보네

저 헐벗은 나무가 오랫동안 나를, 내 옷을 민망하리만큼 쳐다보고 있구나. '없는 대로 불편한 대로' 살아보려고 무던 애를 써보긴 하지만 아직도 나는 당당 멀었어. 아암, 멀었고 말고. 더 비우고 더 버리고 끝없이 나투어 대자유의 애덕과 성심에 가 닿을 순 없는 걸까.

건축업자 뺨친다는 한국 종교계의 성직자답게 눈만 떴다 하면 사원을 어떤 모델로 새로 증축 개축 신축할까 그런 궁리나 하질 않고, 너는 도대체 무슨 생각을 하며 사느냐고 누군가 지청구를 늘어놓는 소리가 들려온다. 나락 매상도 코앞이니 능력 좋다는 부흥사 목사님 모셔다가 한판 푸닥거리를 벌여 빈약한 교회 재정을 어떻게 좀 확충해보지 않겠냐고 뿔 달린 악마들이 꼬드기는 말로 그리한다. 나는 그의 귀에 대고 귀청이 떨어져라 큰 목소리로 대답한다.

"꼬드기지 마. 나는 이로써 충분히 행복해! 어디 다른 데나 가보시지."

이 빗물 눈물 스며드는 남루한 함석지붕 목사관에서 쓸쓸한 노래를 들으며 청승맞게 훌쩍이는 날이 잦아도 아직도 나는 부끄럽고 또 부끄러워. 동네 주점에서 가난한 이웃들과 둘러앉아 마신 막걸리로 숙취의 날이 잦아도 부끄러움을 떨쳐버릴 수 없어. 내 내면의 몸에 겹겹이 걸친 옷, 이웃을 춥게 하고 가엾게 만들고서 차지한 두꺼운 옷, 저울을 속이고 어떤 때는 빼앗다시피 입은 옷, 천년만년 살겠다고 억지를 부리며 고집하는 옷, 어서 벗어던져야 할 것이라고 마음에 아픈 자문을 던져본다. 아직 성숙하지 못한 사람이라 결행까지는 머뭇거림이 길더라도 마침내 그리하고 말리라는 지향 하나만큼은 번뜩이는 칼날처럼 옆구리에 항상 차고 살아간다.

이 바람 찬 날 눈 맑은 거지 하나가 오랫동안 내 옷을 쳐다보고 있다. 알몸인 거지 나무 한 그루, 나를 뚫어져라 지켜보고 있다.

고구마에 동치미

빤둥거리며 노닐기를 얼마였던가. 광에 햅쌀 가마니를 앉히고 난 뒤 안온한 나날에 잠겨 사느라고 마당밭 한켠에 놓은 고구마는 안중에도 없었다. 덧거름까지 했던 땅인지라 발그대대하고 억실억실한 고구마가 제법 여물었을 텐데.

때는 보리 파종도 다 마쳐가는 늦가을이요, 초겨울 아니런가. 콩대도 서둘러 거둬야겠고 고구마는 발등에 떨어진 불이나 진배없구나. 더 미루었다가는 말 많은 할매들 오가시다 보시고선 구시렁댈 게 뻔한 일이렷다. 게을러빠진 인간이라고 흉을 잡혔다간 올겨울 둘러앉은 양지뜸마다 노대로 씹혀질 게야. 그랬다간 귓구멍이 간질거려 나는 다 살았지 뭐, 아이구야. 생각만 해도 소름끼쳐라. 날래게 호미를 거머쥐었다.

이것도 일이랍시고 금세 허기가 진다. 출출한데 어디 입가심거리라도 없나? 밭고랑 너머 감나무 가지 끝, 까치 부부 먹으라고 남겨둔 연시가 붉은 립스틱을 찍어 바른 모양으로 바람 따라 펴들껑거린다. 이런 유혹에는 넘어가주는 게 도리지. 장대를 가져와 그 중 탐스러운 하나를 비틀어 내렸다. 찬바람에 떨며 가지 끝에서 물컹해진 연시, 입술에 닿자마자 살살 녹는구나. 줬다 뺏는 경우는 또 무엇이냐며 까치네 부부가 때글때글 울어댔지만, 발라 먹는 내내 뒤통수가 무지 따가웠지만, 단맛에 홀려 미안하다는 생각할 겨를조차 없었지.

개가 짖고서야 입 주변을 서둘러 훔쳤다. 교회당 가까이 버스정류장에 희은 씨랑 모자를 눈썹까지 눌러쓴 두 살배기 지연이가 보였다. 차 시간이 솔찬히 더 남았는데 뭐 하려고 저렇게 일찍 나왔다니? 손에 들린 꾸러미를 보아 읍내 가게로 애 아빠 점심을 챙겨 가는 모양이구나.

지연이가 나를 보고는 이리 오겠다며 떼를 썼다. 내 팬클럽 최연소 회원님께서 저토록 간절히 "오빠, 오빠"를 찾는데 먼저 굽히고 들어가야지 않겠어? 지연이에게 걸어가서 "어구구구 요런 이쁜 것, 그라고 보고 자웁디야?" 하며 머리 위로 날던 솔잣새에 닿을 만큼 헹가래를 쳐주었다.

지연이도 나를 얼마나 좋아하는지 몰라. 안아 들면 지연이는 바로 내 콧수염 턱수염 손을 가져간다. 얼굴에 털이 나다니 아무리 생각해도 이건 원숭이지 사람이 아닌 게야. 내버려두면 촉촉 수염뿌리를 잡아채기까지 한다.

"아야야 아프다. 좋은 말 헐 때 그만두그라잉."

한 움큼 쥐고 뜯으려다 어흥 소리를 얻어듣고서야 손을 거둔다. 그러면서도 얼굴에 퍼진 웃음불을 꺼트리지 않는다.

지연이랑 놀고 있는 사이 뛰— 뛰—, 경적 소리가 저 멀리서부터 들려왔다. 지연이 아빠 인호 씨였다.

"가게 문은 으짜고 나온 길이여?"

"버스 시간보다 일찍 도착해가꼬 천만 다행이구만요. 자장면이나 사먹겠다는디 또 기어 뭘 맹글었다고 나오겠다질 않습니까. 점심때라고 문을 닫아걸 수도 없고, 묵드라도 가게 가서 같이 묵어야지라."

"같이 드라이브하고 좋자능가. 차 조심히 몰아. 꼬신내가 풀풀 나네. 점심 맛나게 묵어."

읍내에서 잠바나 몸빼를 놓고 파는 옷가게를 시작한 인호 씨, 이제 갓 서른에 접어든 인호 씨, 한 번 살아보겠다고 참말 열심히 부지런히 옷상자를 싣고서 장터마다 떠돌던 친구다.

그간 시금털털한 오토바이를 몰고 다니다 지난달 할부로 차도 한 대 뽑았다. 차를 가져온 날 만만한 위인들을 불러다 놓고 차 트렁크를 열더니만 주둥이 헤헤 벌린 돼지머리라 생각하고 어서 지폐를 꽂으라며 성화였다.

"지랄하고 자빠졌네. 뭐 철판대기에다 절은 절이여. 돼지괴기라도 거시기 한 점 묵는담사 몰라도 말여. 빨랑 괴기나 갔다 놔."

대봉 형님 으름장에 김이 폴폴 나는 돼지머리 누른 고기를 일동 확보해놓고 나서야 만 원짜리 지폐를, 칼만 안 들었다 뿐인 노상강도에게 아까워하며 바쳤다. 기복신앙이 어쩌고 하면서 욕을 퍼붓고 다니는 나인데 교회도 다니지 않는 인호네가 하도 떼를 쓰며 졸라대는 통에 그날 무사고 기원제의 개회 기도까지 해주었지 않았던가.

"차는 말 잘 듣지?"

"목사님 기도발이 붙었는디 그라믄요."

"비행기 태우지 말어."

"재종이랑 한 번 모태자고들 그라든디요. 편한 날 잡으셔 가꼬 연락주세요."

"나야 영업날(주일 예배)만 빼믄 다 좋응게 알아서들 정하셔. 흐흐."

운전대를 있는 힘껏 쥔 인호 씨, 그래도 뒷유리에 붙이고 다니던 '왕초보' 글씨판도 떼어내고 후진도 능숙하고, 운전솜씨가 제법 늘었네.

마당밭으로 돌아와 일손을 막 잡으려는데, 저건 또 뭐야? 스쿠터를 탈탈거리며 예배당 마당으로 짙은 선글라스를 집어 쓰고 옛날 깐날 예비군 얼룩바지를 걸치고 나타난 대봉 형님. 체 게바라에 가까운 차림이렷다.

"낚시 가실라고요?"

"아녀, 동상님이랑 다방이나 한 번 갈까 그라고이……."

"점찍어둔 다방 아가씨 있으신가 보네? 크흐,

"뭔 소리, 커피 생각 나가꼬 그라는 거시재. 쓸데없는 데다 통박 굴리지 말드라고잉? 근디 고까튼 것을 일이라고 그라고 낑낑거리셔? 아예 부랄을 떼불고 살어."

대봉 형님이 팔을 걷어붙이며 거들었다. 갓난애 손도 거들면 기십 마지기 농사가 우습다질 않던가. 우리 동네 대표선수 일꾼이 달라붙으니 고구마 밭은 삽시간에 갈아엎어졌다.

고구마 포대를 옮기고 점심도 먹고 커피 한잔 타서 마신 뒤 뜨신 방에 둘이 드러누워 송대관 아저씨의 노래 〈고향이 남쪽이랬지〉를 따라 불렀다.

"그 사람 고향이 남쪽이랬지 내 가슴에 머물다 간 그때 그 사람 서울을 떠났는지 어디로 갔는지 누구에게 물어봐도 아무도 몰라 좋아했는데 보고 싶은데 꼭 한번 만나고 싶은데……."

그러다 그만 솔솔 잠이 들었던 모양이다. 인기척에 놀라 일어났더니 벌써 해 저물녘 어스름이었다. 희은 씨하고 지연이가 토방 앞에 서 있었다.

"겨울 상품으로 내려온 물건인데요. 폴라가 곱데요. 맘에 드실지 모르겠어요. 색상은 제가 골랐어요."

이렇게 고마울 데가, 세상에 교인들한테도 받아본 일이 없는 옷 선물을 받아보다니. 콧등이 시큰해지고 눈뿌리가 뜨거워오네. 인호 이 자스윽…… 내 눈물샘을 건드려? 잠깐만 거기 계세요. 붙잡아 두고 방에 들어가 폴라로 서둘러 갈아입었다. 목구멍까지 따뜻해지는 듯…… 부엌방으로 가서 전기밥솥 안에 밥알이 묻은 따끈따끈한 고구마를 꺼내어 담았다. 고구마 먹을 일을 생각하고 김치냉장고에 마련해놓은 동치미도 한 그릇 퍼서 뚜껑 있는 그릇에다 담았다.

"참말로 맛있겠어요. 자알 먹을게요."

지연이가 다시 수염을 세게 잡아당겼으나 이번에는 꾹 참았다. 옷까지 얻어 입었는데 그까짓 것 참아야지.

자기도 이젠 집에 가보겠다고 일어서는 대봉 형님을 뜯어 말렸다. 혼자 사는 집구석에 밥맛이 놀러를 오겠는가. 냉동실 얼음까지 부숴서 동동 띄운 동치미에 밥알이 잔뜩 묻은 고구마를 별미삼아 저녁을 먹었다.

"거 옷 이쁘다. 인호 그 자슥은 사람 차별하는 거여 뭐여? 나도 옷 한 벌 주재마는."

"성님도 참. 제가 한 벌 사드릴게요. 언제 같이 읍내 나가시자고요."

"진짜재이? 그리 안 키만 해봐라잉."

"고구마만 드시지 말고 동치미 국물도 드시랑게요. 덜 익긴 했어도 맛이 시원하고 끝내주네요."

이엄이엄 이어지며 흙 속에서 딸려 나오는 고구마 같은 우리 동네 사람들. 고구마에 동치미처럼 끈끈히 인연이 되어 보살피고 아껴주는 이웃이 있는 한, 겨울이 결코 춥지만은 않아라.

흰눈이 하얕게

진눈깨비가 한차례 흩뿌린 다음 잔뜩 기대에 부풀었던 함박눈. 근 보름 가까이 목을 빼고 기다려도 감감무소식이로구나. 새벽마다 창문 밖을 내다보는 심정은 '조마조마' 그것이었는데……. 간밤에 혹시 내렸을지도 모르는 일인지라 하나 두울 셋! 창문 밖으로 고개를 들입다 내밀면 오! 된서리만 가루눈인 양 수두룩이 쌓여 있을 뿐이었다.

맑은 하늘은 열에 하나로 드물고 잔뜩 찌푸린 겨울 하늘을 쳐다보며 씩둑씩둑거리는 날이 잦았다. 저토록 먹장이면서 기어 흰 눈은 내놓지 못하겠다는 심사는 또 무엇이란 말이냐. 대밭을 술렁이게 만드는 바람소리는 날이 다르게 거칠고,

어제 느지막이 돌절구 씻는다며 부었던 물은 마당으로 흘러 내려 사르르 얼기까지 했더라. 하지만 정작 당도해야 마땅할 함박눈은 코빼기도 구경이 어렵구나. 눈이 내리면 춥고 배고플 이웃도 있을 것이기에 조심하며 꺼내보는 말이나 이 철딱서니는 이제나저제나 눈보라 몰아칠 날만을 발원하고 있음이렷다.

세상에 지난해처럼 가을이 길고도 깊었으랴. 올가을도 지난해처럼 그러기라도 한다면 돈을 꾸어서라도 어디 먼 북국으로 잠깐 여행을 가버려야지 원. 오로지 눈 내리는 날을 기대하며 이 황량한 추위를 견뎌오지 않았던가. 서러운 세월도, 깊게 벤 상처들도 다독여가면서 말이야.

비손을 모으는 것뿐이 아니었다. 레이먼드 브릭스의 그림책 《눈사람 아저씨》를 주일학교 공부방 책꽂이에서 꺼내와설랑 표지 그림이 보이도록 내 방 한쪽 벽면에 기대어 세워두기까지 했다. 모자를 눌러쓰고 목도리를 댕강 두른 눈사람 아저씨가 럼주라도 한잔 걸치신 모양인지 빨간 코를 벌룽거리며 오호홈 웃고 계신다.

이봐요, 아저씨! 우리도 남북 이산가족처럼 '조속한 시일에 열렬히 상봉하여' 걸쭉히 술 한잔 걸쳐보시더라고요. 술 때문이 아니라 눈보라 복판이라 추워서 코가 빨갛다고요? 치이, 아닌 것 같은디요. 아이들 보는 그림책 주인공한테 무슨 소리냐고요? 알았당게요, 알았어. 그건 그렇다치고 아저씨. 눈

사람 아저씨! 목에 두르고 계신 목도리하고 머리에 쓰신 모자 있잖아요. 저도 똑같은 걸로 이번에 구비를 좌악 했다니깐요. 지난달 일이 있어 서울에 갔었거든요? 어느 육교 위 가판에 초라한 행색의 아줌마가 놓고 팔던 연둣빛 목도리와 모자, 문득 아저씨 생각이 나더라고요. 흰 눈 펑펑 내리는 날 아저씨를 만나면 건네 드려야지 싶었지요. 물론 제가 쓰고 다니는 날이 더 많겠지만 말이에요. 아저씨가 저에게 빌려주는 것으로 하면 되죠 뭐.

아저씨! 이제 그만 그림책에서 나오시지 그러세요. 하느님한테 말씀 좀 잘 드려보세요. 찹쌀같이 찰진 눈으로 몇 가마니 정도만 안 될까요? 하느님이 아저씨 청을 거절하신다면, 그러면 지금 제가 하는 말을 똑똑히 기억해두셨다가 하느님께 그대로 전해주세요. 앙상한 나뭇가지며 텅 빈 들판, 어지러운 바람소리, 이 모두를 견디기 힘들어하는 아들이 여기 바닷가 땅끝 마을에서 훌쩍이며 살아가고 있다고요. 무슨 어마어마한 벼락부자 축복 같은 거 바라지 않아요. 함박눈이면 족해요, 저는…….

햇볕 한 줌 구경할 수 없었던 하루, 내리라는 눈은 내리지 않고 자락 자라락 겨울비가 무너져 내렸다. 나는 꼼짝없이 집에 갇혔고 우체부 아저씨를 기다리는 일로 소일거리를 삼았다. 누구의 편지가 되었든 간에 오늘 당도한 편지는 봉투째 부둥켜안고 아랫목에 들어가 아껴 읽으리라 별렀건만, 박복도 하여라. 오늘은 편지 한통 없고 조간이 석간이 되어 오는 신문마저 빗물에 반쯤 젖은 채였다. 뒤돌아볼 것도 없이 방에 들어가 들어누웠다.

라디오에선 캐럴 특집으로〈성탄 종소리〉가 쟁그렁거려, 침침한 겨울 하늘에 어쩜 이리도 어울릴까. 스웨덴 가수 카롤라의 캐럴이 흐르기도 하고, 송창식의 〈밤눈〉을 틀어놓기도 하고…….

이왕지사 이리 된 거 오만 청승이란 청승은 다 떨어보자꾸나. 간만에 다락에서 통기타까지 내렸다. 도미솔도 조율을 마치고, 자! 그럼 무슨 노래부터 한 번 불러볼까나. 시방 겨울비가 내리고 있지. 그래 조동진의 〈겨울비〉가 괜찮겠군. 토독 토도도독 처마를 타고 떨어지는 빗소리가 장단을 맞추며 기타 반주를 거들고 나섰다.

"겨울비 내리던 밤 그대 떠나갔네. 바람 끝닿지 않는 밤과 낮 저편에 내가 불빛 속을 서둘러 밤길 달렸을 때 내 가슴 두드리던 아득한 그 종소리, 겨울비 내리던 밤 그대 떠나갔네. 방 안 가득 하얗게 촛불 밝혀두고 내가 하늘 보며 천천히 밤길 걸었을 때 내 마른 이마 위에 차가운 빗방울이……."

노랫말을 까먹는 일이 잦은데 오늘은 무슨 노릇인지 술술 잘도 기억나는군. 이왕 시작한 김에 한 곡은 더 불러야 성이 차겠다. 겨울비가 가루눈으로 변해 하염없이, 하염없이 내렸으면 하고 바라면서 한 곡조 더.

"누구인가 귀 익은 발자국 소리에 가만히 일어나 창문을 열면 저만치 가버린 낯선 사람. 무거운 듯 걸쳐 입은 검은 외투 위에 흰 눈이 하얗게 흰 눈이 하얗게 흰 눈이 하얗게, 어린 나무 가지 끝에 찬바람 걸려 담 밑에 고양이 밤새워 울고, 조그만 난롯가 물 끓는 소리에 꿈 많은 아이들 애써 잠들면 흰 눈이 하얗게 흰 눈이 하얗게 흰 눈이 하얗게. 한겨울 바닷가 거친 물결 속에 잊힌 뱃노래 외쳐서 부르다 얼어붙은 강물 위로 걸어서 오는 당신의 빈손을 가득 채워줄 흰 눈이 하얗게 흰 눈이 하얗게 흰 눈이 하얗게……."

이어지는 조동진 레퍼토리 〈흰 눈이 하얗게〉. 이 정도 날궂이를 하면 내릴 법도 한 눈인데 오히려 빗줄기만 더 굵어지고 있어.

겨울비 내리는 마을길을 내다보며 그가 찾아오기만을 기다리고 있다. 날이 추워 아무도 문 밖으로 나오지 않는 이 깊은 겨울. 멀고 먼 땅끝마을. 그리움이 깊지 않으면 선뜻 찾아올 용기를 내지 못하는 남해안 바닷가. 산허리를 감고 피어오르는 굴뚝 연기를 보거든 내가 불 피워 올린 구조 신호로 알렴. 하얗게 하늘로 올라가는 저 연기의 길을 따라 하늘에서 동아줄 같은 흰 눈이 하얗게, 하얗게 내려올 게야. 한편으로는 길이라 이름 하여도 되겠다. 지우개처럼 온 세상의 길을 낱낱이 지워버리고 오로지 외길만이 내 앞으로 펼쳐질 거야. 당신과 나를 잇는 길. 자박자박 숫눈을 걸어 내게로 달려오실 길.

토방까지 쓸려온 눈발이 창호 문을 두드리며 걸어 잠근 문고리를 열라고 재촉할 것이다. 밤이면 숟가락 하나 꽂아두었던 문고리. 앞으로는 잠그지 않으리라. 숟가락을 걸어두지 않으리라.

그대가 오시면 털모자를 눌러쓰고 목도리를 두르고서 같이 바깥 구경에 나설 것이다. 마을 꼭대기 가난한 할매 집 올라가는 언덕바지에서 미끄럼을 타고 내려오다가 동네 아이들을 만나면 뒤엉켜 눈싸움도 한판 벌이고, 손 시린 아이가 있으면 벙어리장갑을 냉큼 벗어줄 것이다. 곱은 손을 염려하여 그대 호주머니에 묻어둔 따듯한 손 하나 내게 내민다면 아, 나는 가슴이 쿵쾅거려 마음을 죄 들켜버릴지도 몰라라. 집으로 돌아올 때쯤 발목까지 빠지는 눈구덩이에 드러누워 입을 벌리고 떨어지는 눈을 받아먹기도 할 것이고, 그대를 깨워 새벽종을 치다가 종각 꼭대기에 쌓였던 눈이 우수수 떨어지는 그 신비로운 장면도 같이 보고 싶어라.

일기예보에 따르면 내일 아침은 오늘보다 더 춥단다. 이번 기대는 제발 무산되지 말았으면……. 흰 눈이 하얗게 쌓인 날. 그대 오시지 못한다면 빙판으로 더욱 멀어질 길일지라도 내가 용기를 내어 길을 나서야지. 그날 내가 머리에 하얀 눈을 뒤집어쓰고 그대 현관을 두드리거든 부디 따듯이 맞아주시길. 내가 가장 그리워한 사람에게 찾아간 길이었으니.

생신날

으으 춥다. 그저께 내린 눈이 녹아 처마 끝에 고드름이 주렁주렁. 고드름 고드름 수정고드름……. 햇살이 들자 고드름이 녹으려나 싶었는데 다시 찬바람이 나고 대밭이 술렁이기 시작했다. 그러면 그렇지. 눈이다, 눈. 우와아 눈이 내린다, 함박눈이다!

대설주의보까지 발효 중이라니 아마도 한참은 더 내릴 성싶다. 내리는 족족 그대로 쌓여 설원의 장관을 지어내는 폭설. 오전 한 때 북서풍이 몰아쳤고 눈바람은 툇마루를 뛰어올라 내 방 창호 문 문고리를 흔들어대기도 했다. 들어오고 싶으냐? 문을 활짝 열어주자 눈송이가 문지방을 넘어 들어왔다. 베개에 얼굴 반쪽을 묻고 문 밖 풍경을 물끄러미 바라보고 있었다.

"추와 죽겄구마는 문은 멀라고 열어놓고 그라고 있다냐. 눈도 인자는 그만 조깐 와야 쓸 거신디 무장무장 더 와싸코는 재변이다야. 서울 꼭대기 동리서는 물 호스가 싹 얼어부러가꼬 고생이 엔간하지 안턴만."

어머니가 툇마루에 수북한 눈을 걸레로 쓸어내며 그러셨다.

"길바닥이 땡땡 얼어가꼬 허리 금가분 사람들이 겁나 많다여."

"남 걱정 마시고 엄니나 조심하세요. 뒤꼍에 돌아가는 길이 미끄럽습디다."

"자네도 조심혀. 내가 불 때고 오는 길잉게로 뒤안에는 얼씬도 허지 말어. 장판 타징게 낭구(나무) 더 넣지 말고."

"제가 땔 텐데 뭘 그러셨어요."

"나는 보일라 돌리고 아들 목사는 나무 때고 사는디 누가 알믄 뭐라 그러겄어? 내가 그 일이라도 해야 염치가 서재. 근디 말여, 오늘이 벌곡댁 귀빠진 날이라 안튼가?"

"맞아요. 여섯 시에 오라더라고요. 밥이나 같이 먹자고."

창석 씨가 지난주에는 말하고 엊그제도 재차 전화를 해서 다짐을 받아간 식사 초대였다.

창석 씨 노모 벌골 할매는 올해로 예순아홉 잡수셨다. 골

다공증으로 허리가 굽은, 일흔 넘으신 우리 어머니에 비하면 벌골 할매는 새파란 아짐들 축에 끼어야 할 건강 짱! 날 받아 둔 할매로 보기에는 당당 먼 강골이시다. 평생 병원 근처도 모르고 살고 아직도 장날이면 이고 지고 다니며 남아도는 기운을 자랑하고 계시는 벌골 할매. 지극 정성으로 다니는 앞산 절집에 쌀 보따리를 이고 올라가시는 모습을, 언젠가 어머니랑 본 일이 있었다.

“저 할망구는 허리뼈에 쇠심을 박아부렀다냐 어쨌다냐. 시상에 저라고도 정정할 수가 있으까잉. 저 산모롱이 올라가는 것 좀 보그라이?”

쳐다보고 또 쳐다보며 어머니는 벌골 할매의 타고난 건강을 부러워하셨다.

동지도 한참 지났건만 다섯 시만 넘어도 곧바로 어둑어둑해지는 겨울 저녁. 눈길을 더듬어 마을 끄트머리 층층나무로 둘러싸인, 조립식으로 넓게 지은 창석 씨 집을 향해 걸었다. 나무인 줄 알고 내렸을까, 이 눈은. 머리와 어깨에 한 움큼 쌓인 눈을 털어내고 사립문을 밀었다.

“축하드립니다. 오래오래 사세요.”

“요라고 날이 궂은디 시상에나 오셨구만이라이.”

할머니는 스님에게 하듯 합장으로 인사를 건네시더니 그 손을 풀어 내 언 손을 잡으셨다. 마을 분들도 몇 분 와계셨다. 창석 씨 누이들과 장흥 관산 근방에 산다는 사위, 그리고 방학이라 손주들도 보였다.

서두르는 손길에 밥상이 구색을 갖추었다. 내가 좋아하는 부침개도 보이는구나. 밥상 가운데는 생일 케이크도 놓였고 아이들은 두 개뿐인 폭죽을 서로 쏘겠다며 으르렁거렸다. 창석 씨는 목사님까지 모셨으니 오늘 같은 날 기도를 한 번 하고 먹잔다. 나는 않겠다고 도리질을 쳤다.

“딴 교회 목사들은 시킨 일도 없는디 앉기가 무섭게 기도를 허자고 협박이라등마는 우리 동네 목사 양반은 술이나 좋아 하재 목사 일 쪽으로는 아조 담쌓은 양반이랑게요. 그랑게 교인들한테는 인기가 한태기도 없재.”

“티 안 내고 그라싱게 나는 좋덩만 그랴.”

병국 씨가 내 편을 들고 나서자 대번 무찌르는 말이 이어졌다.

“좋긴 뭐가 좋아? 기도발로 돈을 많이 버셔야 우리들 술도 받아주고 그러실 거 아녀? 목사 하면 다들 떵떵거리고 잘 살듬마.”

다만 퍼허허 웃을 뿐.

“그런다고 기도 길게 하시지는 마시고요잉.”

안골 사는 해석 씨가 덧붙이며 한마디 했다.

“저것도 집사라고 그냥 냅두십니까요? 나 같었으믄 폴새 짤라부렀다.”

“아따 저 자슥이. 그라믄 밥 묵기 전에 뭘 조깐 내놓든지.

배고파 딱 뒈져불기 직전이구마는."

내가 먼저 눈을 감자 떠들썩하던 집은 일순 고요해졌다.

하느님! 눈 내리는 저녁.
이렇게 밥상에 둘러앉았습니다.
우리 할머니, 관세음보살 같으신 우리 할머니.
오늘이 칠순에서 한 해 빠진
예순아홉 해째 되는 생신날이랍니다.
자녀들과 이웃들 이렇게
축하드리는 마음으로 모였습니다.
하느님!
무어라고 하느님께 고맙다는 말씀을
드려야 할지 모르겠어요.
내년에도 저 내년에도
할머니 생신날이면 우리가 이렇게 모일 수 있다면
얼마나 좋을까요.
거룩한 불자이신 우리 할머니.
그동안처럼 항상 도와주시고
마침내 극락왕생하도록 이끄소서.
밥상을 마련한 손길 위에 축복하소서.
가난한 사람들의 친구 이름으로 기도합니다.

어디서 주워들은 것은 있어가지고 일동 큰 목소리로 "아멘!"이었다. 그러고는 눈꽃보다 활짝 핀 얼굴들을 하고 고개를 들었다.

"우리 목사님 기도는 이건 이단 정도가 아녀. 이건 아조 사이비도 왕사이비랑게?"

해석 씨가 젓가락 키를 맞추면서 그런다. 환호성 속에서 촛불을 불어 끄고 생일 케이크를 잘랐다. 한 번 먹어볼까 입맛을 다셨는데, 평소 창석 씨 마나님의 특기로 소문이 자자한 매운 고추를 썰어 넣은 불낙이 나오자 케이크는 통째로 아이들 차지였다. 추운 날 소주와 기막힌 궁합. 빈 술병이 하나둘 늘어가고 우리들은 기분 좋게 취해갔다. 성화에 못 이겨 일어나서 춤을 추며 노래도 한 자락 하고 오늘의 주인공인 할머니에게도 맑은 술 한잔 따라드렸다. 안 드렸으면 원망을 샀을 만큼 고마워하시며 쭈욱 들이키셨다. 효자 아니랄까봐 창석 씨는 다 드시지 말게 하라고 누이에게 눈치를 주고.

배가 터질 만큼 잘 먹고 애연가들을 따라 나와 아직도 한정 없는 눈 구경을 했다.

"거 눈 한 번 징하게도 많이 내리는구만."

"비닐하우스 무너지지 않을랑가 몰르겄네."

"내일 새복 일찌거니 싸악싹 훑어·내려 부러야재."

"큰 눈 뒤엔 풍년이라는데……."

"풍년 들어서 누구 좋으라고라우. 쎄(혀) 빠지게 일한 만큼

대우도 못 받고 제값도 못 받는 이눔의 농사. 내가 올해 배추를 몇 다랑치나 갈아엎어 부렀는지 몰르고 허시는 말씀은 아니겄재라우? 니미럴 것. 쌓이는 것은 빚이고 이자니 참말로 뒈질 맛이재. 뒈질 맛."

엄지와 검지로 잡은 담배를 젖먹이 젖 빨듯 빽빽 빨아대며 창석 씨는 술만 먹으면 하던 버릇 그대로 조합 빚 걱정이었다.

"오늘 같은 날이 그래도 있잖습니까."

"그렇기는 하요마는. 아까침 목사님 기도마냥 내년에도 이라고 다 모일 수 있어야 할 틴디……."

그러면서 날 쳐다보는데 그 눈이, 그 눈길이 너무도, 한없이 슬퍼 보였다.

창석 씨는 꽁초를 눈 더미 저 멀리 집어던지고는 새시 문 안으로 먼저 들어갔다. 창석 씨랑 같이 하우스 단지를 하다가 있는 돈 없는 돈 탈탈 털어먹고 요새는 교회 출석도 뜸한 해석 씨, 담배연기에 한숨까지 섞어 날리고는 창석 씨 뒤를 따라 들어갔다. 방에서 창석 씨가 바람잡이 노릇을 하며 큰 목소리로 설쳐대는 게 밖에까지 요란했다.

"엄니! 우리 윷이나 한판 노시까라우?"

"그러까?"

"어이 윤서방. 내 방 빼닫이에 찾아보믄 윷 있네. 일루 얼른 가져와 보소. 밖에 목사 양반은 뭐 하고 지신당가? 부랄이 땡땡 얼어불겄네. 거시기 거."

근심걱정

새밖(길마당)에서 날 부르는 소리가 들렸다. 연선이로구나. 목소리를 기억하는 일은 즐겁고 오지다. 친구가 된다는 건 거기서부터 시작이니까.

서른이 코앞인 아가씨. 그 이름은 진연선. 지금 정류장에서 전화 넣는 거라고, 퇴근하는 길인데 잠깐 들러도 되겠느냐고 그랬었지. 아으, 얼어붙는 몸뚱이. 저녁 공기가 차갑구나. 손을 주머니에 꼬불쳐 넣고 일기죽일기죽 걸어 나가서 문을 땄다.

"아니, 이것이 뭣이다냐?"

뺑 튀기기까지 하자면 팔 벌려 한 아름은 됨직한 안개꽃

다발을 내미는 거였다.

"나 오늘 생일 아닌데?"

"목사님 댁 들어가는 입장권이에요."

"너처럼 예쁜 아가씨는 무료입장이야. 몰랐니?"

"호호. 진작 가르쳐주시기 그러셨어요."

다락에 있던 망태기를 내려 안개꽃을 담고 두루마기를 걸어두는 횃대 끝에 매달았다. 좁쌀만큼 하얀 꽃송이들이 성긴 눈발처럼 보였다. 저게 마르면 눈처럼 방바닥에 떨어져 소복소복 쌓일 테지?

"앉으렴 어서. 천장 안 무너진다잉."

얼마 전 동네 할머니 한 분이 입원하셨다기에 문병을 갔다가 병원 현관에서 연선이 아버지 진씨 아재를 뵌 일이 있었다. 전신 신경통으로 도통 잠을 못 이루신다고 그러셨다.

"아버지는 요새 어떠셔? 침을 맞아볼까 그러시던데."

"한의원에 다니고는 계세요. 처음엔 다리께가 쑤신다고 그러셨거든요? 근데 요새 와선 팔목이 시려 빠져나갈 것 같으시대요. 신경통이 이렇게 위로 올라오나 봐요."

"할머니들한테 많이 들어본 소리다. 그 병이 그런다더라."

진씨 아재는 도회지에 나가 살던 막내딸의 귀향으로 청처짐하던 어깻죽지를 수습하고, 처량한 홀아비 신세가 언제였냐는 듯 세련이 몸부림치는 노신사로 거듭났다. 영양실조 직전이요, 땟국물이 좔좔 흐르던 전날에 비하면 그까짓 신경통이 무어 대수겠는가.

부엌으로 가 전열 포트에 찻물을 받고 설 쇠고 남은 산자 부스러기를 그릇 가득 담아 들었다. 방에 들어갔더니 연선이는 여태 윗목에 앉아 있지 뭔가. 아랫목으로 가 편히 앉으라고, 좋은 말로 해선 듣지 않는다며 따갈거리자 그제야 자리를 옮겼다.

"무슨 일로 날 보자 그랬어? 힌트라도 좀 주지 그러냐."

찻상 위에 화등잔을 켜 올리며 왕림의 연유를 재촉했다.

"저 없으면 우리 아버진 어떻게 되실까요? 제가 시집가면 말이에요."

"어떻게 되긴 어떻게 돼. 그 시로 쌀 대신 라면 쟁여놓고 사셔야지."

말을 해놓고 보니 한시가 급한 과년한 처자에게 아버지 생각해서 시집가지 말라는 말이나 진배없었다. 이런 이런.

"느닷없이 그런 말은 뭘라 하고 그런다냐?"

오호라 이제 보니 신랑감이 생겼다 이 말이로구나. 내가 이렇게 감이 느리다니까. 맞냐고 다그쳐 묻자 고개를 끄덕였다.

"그 사람 부모님도 설 뒷날 찾아뵈었어요."

"이야, 속도 한 번 빠르구나. 차라리 결혼하고 애까지 안고 오지 그랬냐? 나쁜 가시내야. 날 버리고 떠나겠다니 눈물이 앞을 가리누나. 나는 축하 못 해. 암, 절대 못 하지!"

"지금 농담하고 계실 때예요? 전 ㅅ방 심각하단 말이에요.

우리 아버지……. 다시 혼자 사셔야 되잖아요. 식사도 걱정, 빨래도 걱정, 건강도 걱정……. 걱정뿐인 걸요."

방금 전까지 나 따라서 새실새실 까불던 가시내가 금세 울먹이는 목소리로 그랬다. 그렇구나, 일이 그렇게 되겠구나. 아버지를 홀로 시골집에 남겨놓고 짝 따라 언덕바지 넘어갈 일을 생각하니 마음이 얼마나 안 좋을까. 근심 걱정으로 한숨만 푸욱 푹……. 하지만 그렇다고 마땅한 짝이 생겼는데 시집을 안 가? 그건 말도 안 되지. 참말 딱하구먼. 산등성 외따론 들국처럼 피었다가 지는 목숨, 그러니 염려 말거라. 내가 동네 목사로 있는 동안엔 돌봐 드릴 테니까……. 단박에 새끼손가락을 걸었다.

안개꽃 한 떨기가 툭하니 떨어져 방바닥에 흩어졌다. 강물에 뜬 별처럼 흩어져서 반짝거렸다. 각자 떨어져서도 빛나는 꽃처럼, 별처럼 그리 되기를, 그리 살아지기를…….

나뭇광

깨닫고 보면 친정 일가보다 더 가까운 인연들이 아니겠는가. 이웃하여 사는 종교인들끼리 종종 만남자리를 갖고는 한다. 길에서 만나 안부나 묻고 지나치는 게 아쉬워 날을 정해 놓고 밥 한 끼 같이 먹는 것이다. 앞으로는 이웃 종교지간 다정히 지내는 일뿐만 아니라 지역사회에 보탬이 되는 좋은 일도 함께 해갈 생각이다.

지난 모임 때였다. 비녀를 곱게 꽂은 검은 치마 흰 저고리의 원불교 교무님이 마치 큰누님처럼 동생 걱정을 하셨다. 지금은 지인이 안겨준 무청을 먹고 많이 잡히긴 했지만 마른기침을 일로 쿨럭거리던 때였다. 춥게 살지 말라고, 젊다고 과신

하지 말라고, 정색을 하며 나무라셨다.

"대체 장작은 몇 개나 지피고 사세요?"

"길손이라도 오면 많이 넣지만서두 평소엔 아끼는 마음에 다섯 개비 정도 집어넣어요."

"새벽에는 춥겠네."

"솜이불이 두꺼우니까 괜찮아요."

내 말에 심란한 표정을 지으시더니 교당에 재작년 쓰다 남은 장작이 있는데 가져다 쓰라고 그러셨다. 장작 난로를 기름 난로로 바꾸게 되어 이젠 필요 없어진 나무 더미라고. 지나는 길에 들러보았더니 보름은 족히 날 만한 양의 장작이었다. 언제 가져갈 거냐며 따로 전화까지 주셨다. 교인 트럭을 빌려 그 시로 가져와 한동안 아끼지 않고 구들방을 활활 데우고 지냈다. 그래도 아궁이는 밑 빠진 독이나 마찬가지, 어느새 바닥을 보고야 말았지. 지게를 꺼내 어깨에 둘러맸다. 산에 가서 나무 한 짐이라도 해야겠기에.

노모 계시는 안채와 내 함석집 흙방 옆으로 기역자로 딸린 사랑채에는 기름보일러가 설치되어 있다. 아등바등 사는 교우들이 어렵게들 모은 돈으로 눈금 절반까지는 채울 수 있었던 기름. 안채야 항상 기거하는 공간이니 어쩔 수 없다 쳐도 사랑채는 사자어금니 아끼듯 기름을 아낀다. 운동장만 한 큰 방이라 보일러를 하루 꼬박 때도 실내온도는 바깥온도와 별반 차이가 없다. 그러나 장작을 모으는 내 방은 외풍이 조금 있기는 하지만 아랫목에 앉으면 숯불 위의 삼겹살이 따로 없다.

될 수 있으면 이 방에서 거처하고자 부지런을 떨고 있다. 장작을 모으고 방에 들어와 누우면 목사관에 얹혀사는 이 몸, 보일러 기름 값 걱정하는 교우들에게 갖는 죄송함이 조금은 덜어지는 듯하다. 또한 진정 어린 감사의 기도가 나오기도 한다. 인중지말人中之末이라 매사 호도깝스러워 감사할 줄 모르는 나 같은 우둔한 자를 무릎 꿇게 만드는 이 분명한 가르침, "감사하라! 모든 일에 감사하라!"

아랫목에 누우면 바라지창 너머로 들려오는 나뭇가지 쓸리는 소리, 바람에 쓸려 쟁그랑거리는 풍경 소리. 무엇보다 굴뚝을 타고 오르는 새하얀 연기가 눈보라에 섞여 바라는 풍경은 내 이승에서의 한동안을 더없이 자족하게 만들어 주누나.

옛날처럼 다들 군불을 때고 살지는 않는 시절이라 나 같은 가난뱅이가 덕을 보며 지낸다. 게으름이 발목을 붙잡지만 않는다면 땔나무가 없어 얼어 죽는 일은 절대 없으리라. 솔가지를 그러모으고 늙어 쓰러진 나무둥치는 적당하게 잘라서 묶고 내일 경운기를 구하여 내릴 작정으로 욕심까지 부려본다.

나무 한 짐, 지게다리로 버티고 가까스로 일어나 어기죽거리며 내려오는 밭도랑 산길. 내 등에 짊어진 이 무거운 시절 인연이여. 한편으로는 내 영육의 안녕을 위해 베푸신 은총의 무게에 흘러내리는 눈물방울을, 흘러내리는 땀방울을 연신 닦았다.

하늘의 은총에 감사하는 마음을 표현하는 것은 사람으로 당연한 일이리라. 세탁물이 맑은 하늘에 펄럭이듯 나는 당신의 햇볕을 향해 펄럭이는 기도렸다. 잘 말라서 올이 톨톨 일어선 수건, 그 수건에 땀을 닦는 순간에도 감사드린다. 아궁이에 나무 한토막 던져놓고 어여쁘달밖에 달리 할 말이 없는 그 불꽃을 바라보며 또 다시 감사…… 메르세데스 소사 여사의 노래 〈생에 감사해〉를 굳이 따라 부르지 않아도, 모든 일이 그저 감사할 일 뿐인 것을…….

시인 블레이크는 '시간이란 영원의 선물'이라 했다. 이 시간, 영원으로부터 주어진 이 시간에 우리는 그저 감사함으로 살아가야 하리라.

겨울손님

'뒤죽박죽 별장'의 '삐삐 롱스타킹' 같은 딸아이라도 하나 있었으면. 그렇다면 이토록 심심하지는 않았으리. 겨울 하루 늦잠으로 시작하여 낮잠까지 바지런히 챙겨 자고 부품머리를 하고 집 안에서만 뱅뱅 도는 나날들이다. 축축 늘어지고 지루하고 나른하고…… 농사일이며 그 좋아하는 산책도 날씨가 협조해주었던 때가 좋았지. 춥다고 가만 놀리고만 있는 삭신, 근질거려서도 못살겠구나. 추위에 갇혀 늘어지는 것이 하품인데 그 때마다 어금니가 시려 벌린 입을 서둘러 오므리기 바쁘다.

한동안 날이 풀리는가 싶다가 다시 영하권으로 곤두박질.

작년에는 이런 찬바람도 무릅쓰고 불쑥 찾아오는 손님이 있곤 했지. 올해도 행여 모르는 일이라 외등을 오래도록 켜두고는 한다.

사람의 곁이 새삼 간절한 겨울 밤, 춘풍추우 다 흘려보낸 노인네도 아니면서 희멀끔한 눈을 궁글리며 대문 밖을 내다보는 일이 잦고 있다. 그간 매정하게 살지는 않았던가. 내 다시는 그 인간을 만나나 봐라, 실망하게끔 대하지는 않았던가. 돌아보면 잘못 산 것만 생각나서 죄스럽고 아쉬움만 한 가득.

며칠 전 밤바람이 하도 무서워 내 흙방 아궁이 속으로 바람이 나들지 않게 철판으로 막으러 나갔다가 고양이 한 마리를 만났다. 온기가 아직 남아 있는 부뚜막 위에서 꾸벅꾸벅 졸고 있던 녀석과 일대일 대치. 이 노옴 도둑고양이야! 막다른 곳이라 녀석은 나를 향하여 이빨을 세우며 앙앙거렸다. 손에 잡힌 갈퀴를 치켜들어 때리려고 하자 꺄아악 비명을 내지르고 줄행랑을 놓았다. 그렇게 고양이를 내쫓고 나서 시방 후회가 막심이로구나. 어제 오늘 한동안 구경조차 귀했던 쥐들이 천장 위에서 우당탕탕 난리 블루스를 추며 저들 세상 만났다고 쾌재를 부른다. 사태로 보아 그렇게 내쫓을 고양이가 아니었던 것이다. 그동안 공적을 치하하지는 못할망정 고양이에게 못할 짓을 저질렀구나. 얼마나 나를 야속하다 여길까.

텃골 정훈이네 키우라고 드린 강아지. 제 짝으로 보이는 누렁이랑 둘이 옛 주인집이라고 찾아왔는데 보이는 대로 돌을 집어 들어 “어서 너네 집으로 안 갈래?” 하며 매몰차게 돌려보낸 일이 있었다. 자주 올까 염려되어 그랬으나 멀리서 힐끔 돌아보는 녀석의 얼굴에 서운함이 가득 차올라 있었다. 개도 사람같이 마음의 상처를 입는단 말인가. 그 뒤 얼마 안 있어 무얼 잘못 먹었는지 진종일 게우다가 끝내 죽고 말았다고 한다. 그 소식을 접하고는 속으로 여간 찝찝하지가 않았다. 이 매정한 사람아, 꼭 그런 방식으로 돌려보내야 했어?

요전 날 낯선 손님들이 떼거리로 다녀갔다. 완도 어디 들렀다 오는 길에 우리 집을 찾은 십여 명의 외지 손님들, 일행을 이끌고 온 이 말고는 모두 초면이었다. 차와 과일을 부랴부랴 대접했으나 식사 때가 되어도 도무지 일어날 생각을 않는 거였다. 서너 명만 되어도 대접이 가벼운 일이겠지만 기별 없이 찾아온 십여 명의 식사 대접은 간단한 일이 아니었다. 오가는 말을 들어보니 밥을 얻어먹기로 아주 작정을 하고 온 길이었다. 노모랑 둘이서 밥상을 준비하는데 이거 그냥 내쫓아버려? 야박하다 욕하든지 말든지 말이야. 다행히 김장김치와 냉동 고등어자반, 완도산 돌김이 있었으니 망정이었지. 그네들은 배불리 먹고 웃으며 돌아가고, 나는 경우에 없는 일을 당했다며 속으로 씩씩거리고. 그 때문이었을까. 이후로 그 많던 손님들 발걸음이 뚝 끊겼다. 곰곰 생각해보면 순례자들을 거두어 식사 한 끼를 대접할 수 있었음에 오히려 내 측에서 감사해야 옳은 일 아니었던가.

자리를 깔고 눕던 차, 아궁이에 묻어두었던 고구마 생각이 났다. 식어도 한참 식었겠구나. 아궁이로 달려갔는데 근처 도둑고양이가 다시 어슬렁거렸다. 배고플 시골의 겨울 밤, 잠이라도 다습게 자거라. 군고구마가 아쉽기는 했지만 못 본 척 발길을 돌렸다.

늦은 시간에 웬 전화여? 지난번 일행을 이끌고 온 바로 그 사람이었다. 오냐, 너 전화 한 번 잘 했다.

"그날 폐가 컸지요?"

속으로는 '……어라, 알고 있네?', 겉으로는 "아뇨, 뭐, 쩝."

"다음 주중에 또 그 근방 갈 일이 생겼는데 찾아뵈어도 쓰겠습니까?"

"헉……."

"여보세요? 목사님, 여보세요?"

서서 전화를 받다가 털버덕 주저앉고 말았던 것이다.

고춧가루

솔이 엄마 솔자만 나와도 쥐뼘에서 장뼘으로 찢어지는 입을 다물지 못하는 성재 씨. 솔이 외할머니 평리 할매댁 올라가는 실골목에 노박하게 서서 줄담배를 살라대는 그를 짝사랑에 외기러기라고 왜자길 일만은 아니었다. 아무리 장독보다 장맛이어야 쓴다지만, 어정칠월 동동팔월 실없이 흘려보낸 세월 따라 허물어지는 건 장독 같은 몸뚱이였다. 날 다르게 대꾼해지는 눈두덩하며 숱 드물던 앞머리조차 홀라당 벗어지는 추이요, 치룽장수 장남답도록 우렁차던 목소리는 세파에 디밀려 범 만난 개만큼 깨갱깽 졸아붙은 형편이었다.

빛살 풍성한 아침, 솔이 엄마 가르마에 꽂힌 은박 첩지가 햇볕이 다습다며 히쭉거리는 아침, 땅두릅나무 울 밖에서 아기새 열쭝이들이 날갯짓을 배우느라 여념 없는 아침. 평리 할매가 대문을 걸어 잠그고 꼬리 끝도 보이지 않을 때에야 비로소 솔이 엄마 앞을 가로막을 수 있었다.

"저그, 저, 솔이 엄마. 이따가 저녁쯤에 읍에서 좀 뵈었으면 하는데."

"무슨 일인데요? 집이 아니라 읍에서는 또……."

"나보다 곱빼기로 멋진 사람 소개시켜 드릴라고 안 그랍니까."

"아이고나, 됐네요, 됐어. 정초부터 장난치고 그러셔."

"장난이라뇨. 솔이 엄마 땜에 대꼬창이로 째는 소리 하고 댕기는 사람이 어디 한둘이랍니까? 내가 오늘 젤 불쌍한 인간 하날 골라설랑 소원성취 좀 시켜줄라고 그랍니다. 엔간하면 시간 좀 내주세요잉."

말 떨어지기가 무섭게 목젖이 보이도록 크게 웃어대는 솔이 엄마.

"누가 그렇게 보자던가요?"

"한 번 알아맞혀 보세요."

"음, 성재 아저씨죠, 맞죠?"

웃던 얼굴은 어데 가고 시무룩한 얼굴로 애먼 손전화기를 만지작거리는 솔이 엄마. 짝 잃고도 홋홋하게 잘 사는 사람들도 적지 않다던데, 괜한 일에 끼어든 건 아닌지 싶었다.

"퇴근 때쯤 연락드릴게요. 목사님이랑 언제 식사나 같이 할까 그랬는데 잘 되었네요. 저녁때 뵙죠, 뭐. 하지만 그 사람은 절대 안 만납니다. 아셨죠?"

예기치 못한 대답은 아니었으나 기대가 아예 없었던 것도 아니었거늘.

"좋으실 대로 하시죠. 오늘 저녁은 제가 삽니다. 비싼 걸론 못 대접해도 허여멀건 풀죽 이상 사드릴 능력은 된당게요, 제가."

"능력 되시면 보험이나 하나 드세요. 요샌 저축성 보험도 많은데."

"성재 씨나 을러보세요. 아마 몰라도 이달의 보험왕 정도는 만들어드릴 텡게로."

이왕 총대를 멘 김에 성재 씨 마음을 차분히 소개할 시간이나마 벌었으니 이도 감사한 일.

집에 미리 와 있던 성재 씨는 솔이 엄마가 어떻게 나오더냐며 안절부절못했다.

"들어가 보지도 않았는데 사람 속을 내가 어찌 안답니까."

"그래도 눈치는 있었을 것 아니오."

몰아쉬는 한숨에 방구들이 꺼지기 일보 앞이었다.

서너 시쯤 되었을까나. 전화녹음을 하나 확인해보았더니 솔이 엄마였다. 아침에 했던 말과 달리 성재 씨랑 셋이서 만나자는 거였다. 무슨 생각으로 말을 바꾼 걸까? 성재 씨는 꿈이냐 생시냐며 그 시로 뚱기치고 읍내로 향했다.

털장갑을 끼고 이슬람 여인네처럼 검정 목도리로 얼굴을 친친 감고 나서는 길. 혹여 성재 씨를 술로 달래줘야 할 선고를 받을지 몰라 차는 놔두고 택시 불러서 약속 장소까지 나갔다.

플라스틱으로 조악하게 덩굴식물이 벽마다 얼레벌레 걸려 있는 촌티 나는 시장통 레스토랑 '세느 강'. 성재 씨가 일착으로 앉아서 기다리고 있었다. 때 빼고 광낸 티가 역력해 보였다. 약속 시간이 맞긴 맞느냐, 떨려서 못 참겠다, 이 정도면 단정한 차림이냐, 불안초조 오들오들 바들바들…….

"우황청심환이나 하나 사 드시재마는."

"그랄 걸 그랬당게요 증말. 목사님이 후딱 사다주시믄 안 되겄어요?"

"이젠 별걸 다 시키셔. 콱간 그냥 쥐약이나 사다 줘버릴까 부다."

"차라리 쥐약도 좋겄소, 지금 같아선."

약속 시간보다 조금 늦게 솔이 엄마가 나타났다. 나는 뒤로 물러설 때를 찾느라 바늘방석이었는데 둘이 붙잡고 살려달라 눈치 하는 통에 어색한 자리를 떠나지 못했다.

어렵게 말문이 틔어 몇 마디 오가는 중이었다. 그런데, 이게 무슨 생난리 재변이란 말인가.

아랫동네 소문난 술고래에다 참견꾼인 머시기 씨가 또래

껄렁패들과 레스토랑에 납신 게 아닌가. 다 된 일마다 일차 고춧가루를 뿌리고 이차 재를 뿌려서 별명마저 '고춧가루' 아니면 '재'로 통하는 머시기 씨였다.

아침나절 만나면 "목사님, 목사님……" 하고 듣기 거북하게 비행기를 태우다가도 점심 지나고 반주 몇 잔에 알딸딸해지면 "어이, 임목사!"로 느닷없이 돌변, 해 저물고 본격적으로 마신 술에 꼬부라진 소리로 "야, 이 씨부랄 땡목사야!"가 되었다가 내버려두면 한술 더 떠 "임우지니, 요 좆만한 자슥이!"라고 마구 막말을 해대는 인간이 바로 요 고춧가루렷다.

"역모를 꾸미고 계신갑네들?"

아직 초저녁인데 술 냄새가 확 끼쳤다.

"아따메나 밤에 봉께로 겁나불게 이쁘네잉."

느닷없이 솔이 엄마 손을 끌어 잡고서 경우에 없는 능구렁이 짓을 해대는 게 아닌가.

"야 이 새끼야. 그 손 못 치워?"

성재 씨가 벌떡 일어섬과 동시에 고춧가루의 멱살을 낚아 올렸다. 이런 야물딱진 호기가 그동안 어디에 숨겨져 있었단 말인가.

"뭐시야? 새끼라고야~"

고춧가루도 쌍심지를 돋웠다. 나와 솔이 엄마, 고춧가루를 따라온 일행이 일순 달라붙어 뜯어말리지 않았다면 이빨 서너 개는 부러졌을 후반전이었다.

다행히 고춧가루가 먼저 눈꼬리를 내렸다. 평소 순하던 인간이 발동이 한 번 걸렸다 하면 건잡을 수 없는 법. 흰자위가 보일 만큼 뒤집혀진 성재 씨의 쌍심지를 의식하지 않을 수 없었던 모양이다.

"내가 무슨 놈의 치한이여? 이웃지간 이무로웅게로 손 조깐 잡았다고 말여."

말이랍시고 죽어드는 소리로 씨부렁거리면서 그랬다.

성재 씨와 솔이 엄마의 만남은 그렇게 흐지부지되어버렸다. 산통이 깨진 건 물론이고 그놈의 고춧가루 덕분에 기분까지 잡치면서 말이다. 성재 씨가 솔이 엄마를 집에까지 바래다 주겠다더니 한참 지나 연락을 해왔다.

"시간을 두고 만나보자고 그러덩만요."

이 무슨 뜻밖의 반가운 소리인고?

"고룻가루랑 한판 붙는 걸 보고 싸나이 순정을 알아준 모양 같네요. 고룻가루한테 양복 한 벌 해주셔야 쓰겄네."

"내가 대갈통에 총 맞았소? 돈이 썩는담사 또 몰라도."

"그래 다음 만날 약속은 하고 헤어졌습니까?"

"낼모레 차 한잔 같이 하기로 했구만요."

"고룻가루가 그 자리에 또 나타나믄 으짜실랍니까. 인자는 재뿌리러 나타날 순서인디요, 흐흐."

"나한테는 고춧가루 팍팍 뿌려도 안 먹혔는디 뭔 재미로 또 나타날랍디여?"

“아까침 따끔한 말씀은 참 잘하셨습니다. 아무리 술김이래도 그렇지.”

“그랑께나 말입니다. 혼자 사는 여자라고 만만히 보고 어따가 지가 손을 잡고 그 지랄이 지랄이란 말이여. 가사 임자 없는 여자도 아니고…….”

“누가 임자란디요?”

“누구긴 누구여라우. 나 말고 또 누가 있겄습니까?”

이 사람 김칫국이 과해도 한참 과하구먼.

이틀밤

"이번에는 며칠 있다 갈래?"

아버지는 객지에 나가 사는 자식들이 시골집을 찾으면 오자마자 헤어질 날을 미리 걱정했다. 적어도 이틀은 자고 가야 좋아하셨다. 가족뿐만 아니라 어떤 손님이 와도 하룻밤은 묵고 가야질 않겠느냐고 붙드시는 게 아버지였다. 그러다가 다음 날이 되면 또다시 하룻밤 더 묵어가라고 잡으셨다.

손주는 오면 반갑고 가면 더 반갑다질 않던가. 우리 아버지도 사나흘은 손주들 노는 구경에 즐거워하시다가 귀가 먹먹할 때에 이르면, 어린 것들에게 슬그머니 물어보셨다.

"느이 엄마, 언제 집에 간다디?"

하지만 손주들이 떠난 뒤면 한동안 적적해하시며 커피 잔을 들고 내 방으로 자주 건너오셨다.

"사람 안 사는 집 같다잉. 내가 늙긴 늙었나부다. 아그들 생각만 나고."

삼대에 걸쳐 목사로 대를 이어온 우리 집안. 아버지는 칠십에 목회를 은퇴하시고 청빈과 순결르 꾸려온 성무를 정리하셨다. 아들인 내가 목사가 되자 아버지는 뜨거운 눈물을 그치지 못하셨다. 팔십 고개에 이르러 차츰 기력이 쇠하시더니 어느 날 밤 사랑하는 아내와 자식들이 그렇게 말렸음에도 하느님 집으로 기어 돌아가셨다. 선무당처럼 강단 위에서 쿵쿵 쾅쾅 뛰고 떠드셨던 분이 아니라 점잖은 분이셨으니 하느님 곁에서도 아마 조용히 지내고 계시리라.

지난겨울 나는 눈 덮인 베를린과 알프스 산자락, 네덜란드 암스테르담을 비롯해 유럽의 거리를 산책하고 돌아왔다. 용무를 마치고는 한국에서 끊어간 고속기차표를 들고 동서남북 도시들을 훑고 다녔다. 하루는 베를린에서 가까운 동네 라이프치히에 들렀다. 그날도 눈이 종일을 두고 내려 도시 전체가 빙산을 깎아 지은 한 채의 사원만 같았다. 길 떠나기 전에 들은 말로 카를 마르크스가 얼마간 묵었다는 여관이 있다는데 아무리 찾고 돌아다녀도 머리카락도 안 보였다. 고맙게도 성 베드로 루터 교회 근처에서 인심 좋은 할머니를 만났다. 나라 밖을 나가도 할머니들과의 질긴 인연은 어쩔 수 없나 보다 그랬다. 할머니가 자상하게 일러준 길을 따라 걸어갔더니 그 여관 앞에 당도할 수 있었다. 현관에서 나를 반긴 사람은 마르크스처럼 북실하게 수염을 기른 주인 할아버지였다.

“보아하니 당신은 아시아 사람 같은데, 어느 나라에서 오셨습니까?”

“한국에 대해 들어보셨나요? 저는 한국 사람입니다.”

“아! 그래요. 한국에 대해 저도 알고 있지요. 남북으로 갈라져 사는 나라 말이지요. 그럼 당신은 남쪽 사람입니까, 북쪽 사람입니까?”

“사는 건 남쪽에 살고 있습니다만 나에게 조국은 영원히 하나랍니다.”

검지를 세워 하나임을 강조하자 할아버지는 환하게 웃으며 악수를 청했다. 그리고 통일을 이루어 함께 살 날이 곧 있을 거라고 그렇게 빌어주었다.

다음날 아침 아래층 식당 방에서 할아버지를 다시 만났다.

“여행이 목적이라면 하룻밤 더 묵고 가세요. 하루는 아쉽고, 이틀은 묵으셔야지요.”

하룻밤 더 묵고 가라고? 순간 우리 아버지 생각이 났다. 그 한마디에 흔들려 라이프치히에서 하루를 더 보냈다.

덕분에 바흐가 오르간 반주자로 오래 섬겼던 성 토마스 교회와 독일 통일의 불을 지폈던 촛불기도의 현장 성 니콜라이 교회 의자에 앉아 오래도록 기도를 바칠 수 있었다.

내가 기억하는, 내가 사랑하는 모든 사람들, 그리고 하루 빨리 하나가 되어야 할 내 조국강산 한반도를 담고 기도할 수 있었다.

짧은 세월, 짧은 사랑, 하루가 이틀이 되길... 한번이 아니라 두 번 만나고 하루 사랑하는 게 아니라 이틀 사랑하고……. 그렇게 우리가 하나가 되었으면 얼마나 좋을까.

빗살문만 열면 매화꽃이 환한 봄날이다. 수선화 싹도 안뜰에 가득 올라왔구나. 머지않아 아이들 손 맞잡고 내 사는 오두막에 봄나들이 오는 길손이 있을 것이다. 살아생전 아버지가 그러셨던 것처럼, 라이프치히의 그 여관 주인 할아버지가 그러셨던 것처럼 하룻밤 더 묵어가라고 나도 졸라대야지. 사흘을 넘기면 눈치를 주긴 줄 터이지만 이틀까지는 누구든 간에 아무든 간에.

장난감 소방차

배고프다고 앵앵앵 잉잉잉, 젖 달라 밥 달라 떼쓰는 소리만 같아라. 네 날갯짓 소리가 그렇게만 들리는구나. 주린 배를 쥐고 꽃봉오리가 열릴 날만을 기다리던 아기 벌 한 마리. 오늘에야 꽃들은 피어 옷고름을 풀고 젖을 물리는구나. 허겁지겁 젖을 빠는 아기 벌에게 봄꽃은, 봄꽃은 성모님이시란다.

해찰은 그만하고 어서 일을 해야지. 아래 마당 텃밭에다 찰옥수수 씨알을 심는 중이었다. 여름이 한창일 때 감나무며 후박나무, 배롱나무, 아그배나무, 비파나무, 태산목, 왕벚나무 늘어선 잎 그늘 밑에다가 평상 하나 가져다 놓고 그 위에 누워설랑 옥수수 하모니카나 불어 볼까나. 동네 아이들도 죄 불러 모아 나눠 먹어야지. 아기 벌에게 꿀을 건네는 봄꽃처럼 나도 아이들한테 옥수수를 건넬 수 있겠구나.

아니, 벌써 옥수수를 쪄달라고 나타난 성질 급한 녀석인가? 병설유치원에 다니는 코흘리개 병운이가 집에 가다 말고 예배당 마당으로 들어와 어슬렁거렸다. 화단 석축 위에 가방을 던져놓고 변소에 다녀오는가 싶더니 강아지 두리번이랑 추를 붙잡아 놓고 못살게 굴기도 하고, 그도 심심하면 호미질을 하는 나에게 다가와 말을 붙여오기도 했다.

"집에 빨리 가야지, 엄마가 기다리시겠다."

내가 뭘 잘못 말했나? 글썽글썽, 병운이 주먹만한 방울눈이 물기로 흐려지는 거였다.

"너 무슨 일 있구나. 유치원에서 야단맞았지?"

아니라고 고개를 가로저었다.

"어디 다쳤어? 아니면 동네 형들이 괴롭혔어?"

그것도 아니란다.

"그렇다면 왜 그럴까. 우리 착한 병운이가 왜 집에 가기 싫을까?"

옥수수는 이따가 심어야겠다. 호미랑 씨앗 바가지를 놓아두고 병운이 손을 잡고 올라왔다. 딸기가 어디 있더라? 엊그제 밤 계산리 중학교 선생님이 한 박스 사들고 와서 맛있게 먹었던 딸기가 조금 남아 있었다. 그것도 일이라고 목이 타는군. 우유도 두 잔을 따랐다. 우리 병운이는 우유에다 꿀을 조금 타줄까?

"자 일루 와. 목사님이랑 같이 간식 먹자!"

얼굴에 금세 해가 뜬다. 아이들 비위 맞추는 데 실패해본 역사가 없는 이 몸 아니신가.

"엄마하고 아빠하고 어지께 쌈 터졌어요."

물어보지도 않았는데 제가 먼저 말을 꺼내는 거였다. 그게 무슨 세계대전이야? 쌈이 터졌다는 표현에 웃어야 할지 말아야 할지.

"아빠가 내 소방차를 던져서 뿌샤부렀어요."

부부싸움 통에 애먼 병운이 장난감 소방차를 집어던진 모양이다. 그랬구나. 그래서 집엘 곧바로 들어가지 않고 시위를 하고 있는 게로구나. 그 시로 나는 엄마 집에 지내는 해빈이가 가끔 찾아오면 가지고 놀던 장난감 상자를 뒤졌다. 해빈이 장난감 중에 소방차가 하나 있는데 그걸 병운이에게 주고 싶었다. 소방차를 가슴에 안은 병운이는 싱긋 한 번 웃고서 뒤도 돌아보지 않고 집으로 냅다 달음질쳤다.

싸움을 하려면 곱게 할 것이지 아들놈 애지중지 아끼는 장난감을 집어던질 건 또 뭐람. 그 소방차 장난감으로 엄마 아빠 싸움 불을 끌 수야 없겠지만 일단 병운이 가슴에 붙은 불을 끌 수 있었으니 다행이다.

일년 전 연고도 없는 잣골로 들어온 병운이네 네 식구. 논도 없고 그렇다고 밭도 없고 공사판을 전전하는 일당벌이 병운이 아빠. 심한 빈혈로 간신히 밥상이나 차릴 정도로 병색이 완연한 엄마. 그리고 젖먹이 어린 동생. 녹이 더께더께 슨 병운이네 양철지붕 집은 지난겨울 얼마나 추웠겠으며 또 올여름은 얼마나 더울 것인가.

그건 그렇고, 해빈이가 당장 제 장난감 소방차가 어디 갔냐고 찾으면 그 일을 어쩐다지? 그 불 끄려면 장난감 소방차 한 대 어서 장만해두어야겠는데, 읍내 어디 장난감 가게에 가면 비슷한 게 있을라나? 어이구, 골머리 지끈거리네…… 머리에 불이 나네.

꽃놀이

쇠똥으로 거름 더미를 만드는 나절이었다. 바지주머니 속에서 전화가 울린다.

"나여 나, 집에 안 붙어 있고 어델 그라고 싸돌아댕기신가? 전화도 꺼놓고 말이여."

"근디 대관절 누구시랍니까요. 이름을 대시쑈, 이름을."

"얼랄랄라 인자는 목소리꺼정 잊어부렀는갑네? 누구긴 누구여. 나랑 말이시."

"아 나한테 전화 거는 사람이 어디 한두 명이간디 목소리를 어뜨게 다 기억한답니까요? 이름을 대시랑게요, 이름을."

속으로 킥킥거리며 모르는 척 시치미를 뚝 뗐더니만 끝내

으르렁 반으로 이름자를 대령하신다. 이 양반이 내가 집에 있는 줄 어떻게 아셨단 말인가. 사나흘 멀리 출타했다가 어제 밤늦게야 돌아온 몸인데 이거 집 안팎으로 몰래카메라를 숨겨놓았나 어쨌나.

"거시기 같이 꽃놀이나 갔으믄 싶은디 특별한 일 없으시믄 동상님도 동행하시드라고."

"언제 어디로 가시는데요?"

"돈이라고는 각전(동전)뿐이 딸랑 거릴 일 없는 압씨들인디 어데 멀리나 나서겄어? 내일 만덕산이나 살살 넘어보자고. 봄농사 손대기 전에 언제 한 번 꽃놀이 같이 가자고 안 그랬는가. 내일로 날을 잡아부렀네. 만덕산 동백꽃이 사무치게 피어부렀닥 안 해? 주꾸미 조깐 사서 데치고 해설랑 짊어지고 갈 생각이네. 꽃 보고 오는 길에 한잔 걸침사 천당이 거시기 따로 있겄어?"

이런 뿔난 마귀 대장 허시는 말씀 보소. 하지만, 동백꽃이 '사무치게 피었다'는 시적 표현에 이르러서는 흐뭇한 심경을 베어 물지 않을 수 없었다. 글쟁이 동생을 두시더니 어느새 '고급' 모국어까지 구사하게 되셨구나. 우리 이장 형님, 수렁에서 건진, 아니 무식에서 건진 우리 형님.

여름에는 입 못 대는 보신탕으로 몸보신하자며 부르고 가을에는 알밤 따러 가자고 부르고 겨울엔 눈구경, 봄에는 꽃구경 하자고 부르시는 분.

내가 성경책 높이 치켜들고 교회 다니라며 눈알을 부라리는 목사였다면 이런 초대는 가망 생신도 없는 일이리라. 한데 버무려져 이웃 대접을 받고 사는 게 시새움이 생겨 그러시는가 못마땅하게 여기는 소리를 종종 듣는다. 어떤 이들은 내가 이런 방식을 택하여 전도를 하려는 거라고, 해석을 해주기도 하시는데 사실 천만의 말씀 만만의 콩떡이다. 전도네 전교네 포교가 다 무엇이란 말인가. 예수님을 믿자는 건 예수님처럼 이웃 간에 벽을 허물고, 관용하고 사랑하며 평화롭게 살자는 뜻일 터. 고작 우리 교회 다녀라, 무조건 예수를 믿어라, 기독교라는 종교를 가져라 따위가 아닌 것은 자명한 진리렷다. 아이고 그런데 시방 이 글이 어디로 새로 있는 것이다냐?

"갑시다. 우라질 것 놉시다요, 도동동 당동."

대답은 그렇게 달랑 했지만 내일 당장 달리아 뿌리도 옮겨 심어야 하고 모레 아침에는 광주 문흥동 성당에서 젊은이들에게 이야기도 한 보따리 풀기로 약속이 되어 있는데 책상머리에 앉아 말 뼈대라도 준비해야 될 일이었다. 그래도 어쩌겠는가. 이웃사촌으로 살아가는 일도 못지않게 소중한 것을.

아! 이렇게 봄이 깊숙이 찾아왔구나. 만덕산 자락에 자리 잡은 절집 백련사. 그 주변으로 캄캄한 동백 숲에 켜진 저기 저 눈부신 꽃등을 봐. 배운 것 없는 촌것들이라고 무시들 말더라고. 우리라고 아름다움을 왜 모른단 말인가. 동백꽃이 이토록 사람 환장하게 만드는데. 동백꽃 등불이 이토록 눈이 멀도록 휘영청 밝은데.

"오래 조깐 붙어 있재마는 뭐가 그라고 바쁘다고 일찍 지는가 몰겄어, 동백은."

흙길에 구르는 낙화들을 손바닥에 올려놓고 승식 씨가 한마디 날렸다.

"누가 그라드라고. 서둘러 죽은 사람을 위로하는 꽃이라든마, 이 동백꽃이."

"일리가 있는 말이겄네. 동백꽃은 한창일 때 맥없이 져버리니 말이시."

"아하 그래잉. 우리 각시 무덤에다 동백나무 한그루 심어줘야 쓰겄구만?"

이장 형님 말씀에 우리 모두는 그만 꿀 먹은 벙어리가 되어버렸다. 한참 뒤에 귓속말로 동백나구 묘목이 요새 얼마 정도 가느냐고 가격까지 물어보신다. 지성으로 보살피는 마누라 무덤에다 동백나무도 심어줄 작정이신가?

한 바퀴 비잉 돈 연후에 골짜기를 다시 타고 올라 평평한 자리를 하나 잡았다. 살짝 데친 주꾸디에다 달착지근한 초장과 묵은 김치도 꺼내고 저마다 가져온 먹을거리들을 모았다. 봄소풍을 온 아이들 같구나. 나는 진달래 참꽃 잎을 띄운 화전을 꺼냈다. 어머니랑 아침에 부친 것이다. 병남 씨가 선수를 치며 한입에 우겨 넣는다. 젓가락이 민망하게시리 맨손으로 쓱싹 말이다. 으이그 이 원시인아, 하면서 승식 씨가 나무라는 듯싶더니 자기도 뒤따라 흙묻은 손으로 볼때기가 찢어져라 한입거리다.

올해 농사는 어찌 지을지 한마디씩 나누는 시간. 다른 나라와 무슨 농산물 무역협정을 맺는다는데, 그 여파에 대해 심각한 이야기들이 쏟아졌다.

"니미럴 여기까정 와서 뭔노므 해골 복잡하게시리 잡소리여 잡소리가. 술이나 들자고."

이장 형님이 말을 끊는다. 그러기를 잘 하셨지. 농업이 무너진 것이 어디 하루 이틀 일인가. 이제는 논밭에다 주한미군 미사일 훈련만 하지 않으면 고맙게 여겨야 할 판국이다.

정치며 경제며 어렵다 싶은 이야기가 나오면 나보고 한마디 하라는 눈치를 주는데, 그때마다 나는 고개를 돌리고 딴청이다. 이쯤이면 화살이 하나 날아와 박힐 법한데? 그럼 그렇지, 한 대가 날아오는구나.

"목사님은 도대체 솔로다요, 따블이다요? 만날 외톨이로 그게 뭔 사는 재미다요."

승식 씨가 뜬금없이 빌미를 잡고 쑤석거린다.

"임 목사 저 인간은 가족이고 나발이고 혼자 지내는 걸 좋아하는 요상한 인간이여. 아니면 만날 우리 같은 놈들이랑 술이나 묵고 댕기고. 차라리 머리 깎고 출가를 해불재 그래."

대뜸 이장 형님이 쏘아붙인다.

나를 향해 사정없이 엑스 자를 그리시며 말이다. 나에게 시비조로 나오면 취기가 살풋 올라왔다는 신호다.

"인자 우리는 진짜 꽃놀이 하러 집으로 가는디 불쌍한 사람 여기 몇 사람 있구만."

재롱덩어리 딸들이 반길 마을 첫 집 언저리를 내려다보며 병남 씨가 그런다.

"연설하네. 누군 집에 꽃 없다냐?"

승식 씨가 쩝쩝거리면서 자기보다 몸무게가 배는 더 나갈 송산댁 아짐을 꽃이라고 부른다. 나하고 생각이 같았는지 병남 씨가 짚고 넘어간다.

"그라고 넓적한 꽃도 시상에 있다냐?"

"우리 집에도 꽃 피었어. 목련도 이상 피었고."

아직 우리 말뜻을 이해 못한 이장 형님이 딴소리다. 으그그 쯧쯧 그러면 그렇지. '사무치게' 어쩌고 한 말에 속을 일이 아니었지.

옥련암으로 넘어오는 길, 우리 마을이 훤히 내려다보인다. 보고 싶은 사람들 생각에 꽃구경이 순간 재미없어졌다. 가파른 천수답엔 노란 풀꽃들이, 언 강 풀리고 천지사방 황홀한 진달래 꽃사태런만…….

군불 때고 드러누워 일찍 잠이나 청할밖에. 이장 형님이 그렇게 혼자 누울 것이고, 아버지 먼저 떠나보낸 우리 어머니가 그렇게 살고 계시고, 동네 절반은 넘을 혼자 사시는 할매할배들이 또 그러실 게고. 어디 혼자 드러누운 쓸쓸한 방이 내 방뿐이겠는가.

갈림길에서 헤어져 참꽃이 하늘거리는 예배당 가는 들길로 접어들었다. 동박새 한 마리가 울어대는 소리에 두리번거렸다. 너도 꽃놀이 다녀오는 길이니? 늦었다. 어여 가서 쉬거라. 그런데, 가만 보니 너도 혼잣몸이로구나. 그래서 그렇게 울어댄 거니?

어떤 때는 꽃이 사람보다 아름답지만, 이런 밤에는 사람이 꽃보다 아름답게 느껴진다. 사람이 소중한 밤이다.

연등

교회 입구에 절집에서 가져온 초파일 연등을 달았다. 한 손은 하늘을 한 손은 땅을 가리키며 의미심장하게 웃고 계시는 아기 부처님이 그려진 연등. 올해는 대문 밖이 아니라 아예 종각 아래 매달아 놓았다. 까닭이 있었다. 교인들은 내가 무서워 그러는지, 아니면 묵인의 동조인지 모르는 척이었으나 어머니만큼은 석탄일에 연등을 내거는 일을 몹시도 못마땅해 하셨다. 심지어 작년에는 연등을 몰래 떼어 화형에 처하기도 하셨질 않는가. 그래서 이번에는 손이 타지 않는 높은 곳에 달아둔 것이다. 어머니는 그게 더 화가 나셨나 보다.

"시상에 자네가 무슨 놈의 목사여? 당장 목사질 그만두고 솔직허게 머리 깎고 중 되야부러. 나는 요런 짬뽕 신앙 죽어도 못 항게로.”

모태부터 칠십 평생을 불교라면 마귀 종교라고 배우고 또 그렇게 믿어 오신 어머니 아니신가. 암만 말로 설득하려 들어도 당최 들으려고도 않으셨다.

어머니는 주일 공동예배 시간 내내 내 눈을 맞추시지도 않고 성경책만 뚫어져라 보고 계셨다. 설교 시간을 빌려 이웃 종교의 경사를 함께 기뻐할 수 있는, 크고 너른 사랑을 부탁드렸지만 되레 불난 집에 부채질, 배나 일그러진 표정이셨다. 그러나 다른 교우들은 한때 불자로 지냈던 전력들을 가지고 계신 터라 크게 문제될 게 없다는 반응들이었다.

“연등을 달라믄 약심 달재마는 그라십니까? 달랑 한 개가 뭐랍니까. 스케일이 커부러야재 이왕 거시기 할 거.”

처음 입교하여 세례를 앞두고 있던 때에 기도 중에 “아멘!” 대신 엉겁결에 “관셈보살!”을 외쳐서 좌중의 배꼽을 빼버렸던 장촌댁. 장촌댁 윤 집사는 어머니의 속이 뒤집히게시리 한술 더 뜨는 소리를 그리 하셨다. 더구나 ‘스케일’이라는 엄청난 외국어를 구사하여 다른 교우들의 눈이 휘둥그레지게 만들기까지 하면서. 어머니는 장촌댁을 위아래로 사정없이 째려보시더니 되우 핀잔을 주기로 작정하신 모양이었다.

“집사님은 여기가 어디 절간인 줄 아시오? 그런 소리는 벌받을 소링게로 함부로 그라시는 것이 아니요. 요새 나는 주님께 죄송해가꼬 도저히 여그서는 못 있겄소. 세상에 이런 자빠라질 경우가 어디 있다요? 얼릉 띠어부라고 목사님헌티 호통을 치지는 못할망정 자알 헌다고 손을 들어줘부러라우?"

사태의 심상치 않음을 눈치 챈 교우들은 연등 구경을 포기하고 서둘러 집으로들 귀가하셨다. 어머니는 분을 삭이지 못하시겠는지 가슴을 한 번 쓸어 만지시더니만 밥 먹자는 말씀도 않으시고 방문을 쾅 소리 나게 닫으셨다. 어찌 되었든 연등은 봄바람에 살랑거리며 어깨춤을 들썩거리고, 조석간 울리는 종은 뎅그렁뎅그렁 온 마을로 사랑의 노래, 자비의 춤사위를 선물하는 나날이었다. 우리 집만 빼고 밖은 온통 평화! 자비! 였다.

석탄일 하루 전날 읍내 원불교 교당의 교무님이 혼자 들르기는 멋쩍다고 절집에 인사차 같이 가자시기에 따라나섰다. 일주문부터 나를 알아본 불자들이 합장하여 인사를 해왔다. 대웅전의 부처님은 변함없이 웃으시며 나를 보고 살짝 윙크까지 하셨다.

'히히, 우리 교회 주일학교 친구들은요, 생일잔치를 하면요, 생일 축하합니다 생일 축하합니다 이 노래 있죠? 이 노래를 왜 태어났니 왜 태어났니 이렇게 바꿔 부르덩만요. 부처님한테도 들려드리면 그 정도 미소가 아니라 푸하하하 웃으실 텐데.'

부처님은 그 우스꽝스러운 생일노래가 듣고 싶으신 눈치

셨다. 그러나 그 자리에서 불렀다가는 스님들한테 맞아 죽을 일이어서 나중에 혼자 있을 때 불러드리기로 약속하고 돌아섰다.

그날 늦게 서울에서 친구 화가 양반이 내려오셨다. 석탄일 아침 일찍 둘이서 앞산 옥련암에 산책 갔다가 스님을 뵙고 조그만 선물도 안겨 드렸다. 오후에는 멀리 해남 달마산 미황사까지 다녀왔다. 돌꽃처럼 은은한 미소의 금강 스님이랑 평소 오고 가는 친구사이인지라 인사는 드려야겠다 싶어 나선 길이었다. 부도탑까지 순례하고 나물 반찬에 밥 한 상 푸짐히 얻어먹고 스님한테 가야금 소리 담긴 음반 한 장 선물로 드리고 돌아오는 길은 어스름 저녁이었다. 옥련암에 다녀오는 길이신가 잿빛 몸뻬를 입은 마을 아낙들이 길에 보였다. 인사를 올렸더니 받아주신다. 휴우! 숨바쁜 하루…….

아, 석탄일이 성탄절보다 바빴던 목사가 있었더란다. 왕이단 왕사이비 사탄 연탄 구공탄 목사가 있었더란다. 그러나 그렇게 살다가 지옥 불에는 떨어지지 않았더란다. 왜냐 할 것 같으면, 부처님이 예수님 전에 말씀을 잘 올렸기 때문이라나? 예수님은 껄껄 웃으시며 도대체 그 물 흐리는 목사가 누구냐고 물으셨더란다.

"짜시레기 인간들이랑 산토깽이 납부닥처럼 선한 마음을 나누고 사는 저그 저 목사 말입니다."

현관문을 여는데 마당 평상에 우글쭈글 면상을 구기신 채로 어머니가 앉아계셨다. 그래도 하나뿐인 아들이라고 걱정이 되어 차가운 바깥에서 기다리셨구나.

"어머니. 저거 연등, 인제는 뗄게요. 맘 놓이시겠네, 우리 엄니!"

"우세는 우세는 폴새 다 해부렀는디 인자사 띠어봤자 뭐 한다냐? 일 년 열두 달 걸어 놓재 뭘라 띠어부러?"

미운 소리로 그러셨다. 그러나 내 말끝으로 안도의 한숨과 함께 웃음이 돌아와 있었다.

연등을 떼어 먼지 안 뒤집어쓰게 비닐포대에 개어 담고 교회 창고에 보관했다. 너, 우리 엄니 땜에 미운털이 박힌 몸이긴 하다만 좌우지간 네가 무조건 이해해야 쓴다. 우리 엄니가 사시면 얼마나 더 사시겠냐. 나는 저러는 엄니가 안 계신다면 부처님 오신 날 도통 재미가 없어 살맛이 없을 거다. 연등아! 암튼 올해 고생이 많았어. 그럼 내년에 다시 보자. 안녕, 안녕. 부처님도 해피 버스데이 하시고요. 올 겨울 성탄절, 남녘교회에 꼭 놀러 와주세요. 캐럴도 불러주세요. 화이트 크리스마스! 흰 눈을 총총 밟고 답방을 부탁합니다.

복그릇

구판장에서 불량식품으로 보이는 갱엿을 하나 털어 물고 이 골목 저 꼭대기를 어슬렁거렸다. 어떤 날은 미친 듯이 들길을 쏘다니기도 하고 어떤 날은 도시락도 안 지니고 산에 올랐다가 쫄딱 굶고 해 넘어가서야 내려오기도 한다. 오늘은 마을을 벗어나지는 않았다. 아니 벗어나지 못했다는 말이 옳지. 만나는 분들마다 이리 들어와 앉았다 가라며 붙드시는 통에 해는 번뜻 서산이었다.

유채꽃이 좋아서 도랑가 좁쌀 밭에 들어갔다가 본촌댁 할매에게 걸려들었다. 잠깐 집에 들렀다 기도를 해주고 가라신다. 병중으로 이승잠이 늘어진 본촌 양반 할아버지. 사람이 이렇게 깊이 잠들 수도 있는 거로구나. 할머니랑 수다를 다다다 떨고 〈동물의 왕국〉까지 볼륨을 높여 보는데도 눈 깜짝 않고 주무시는 할아버지. 윗목의 요강, 아무 데고 걸린 수건, 아직도 겨울 잠바가 그대로 걸려 있는 방으로 오뉴월 어둠이 조용히 내려오고 있었다. 할머니는 답답하신지 불을 켜며 그러신다.

"저녁 자시고 가시쇼이?"

"아니에요. 어머니 혼자 진지 드실 텐데 가봐야지요."

"그래라이. 그람 으짜까? 매실주가 겁나 잘 익었는디 한잔 허시고 가실라우? 어끄제 여수 사위가 와가꼬는 기냥 한 독아지나 마셔부렀당게? 얼마 안 남었을 틴디 맛이나 보시쑈이."

"조금만 주어보세요."

광에 나가시더니 매실주를 따라와 건네신다.

매실주를 담은 그릇, 복福 자가 또렷하게 박힌 하얀 사기그릇이었다.

"아따, 이 그릇 좋네. 할무니, 이런 그릇 많이 있어요?"

"다 깨묵고 두어 개뿐인디. 맘에 드시믄 가져가실라요?"

아이고 고맙기도 하셔라. 인사로나마 거절해야 할 것인데 입에서 냉큼 튀어나온 말이 고맙습니다였다.

"어허, 조오타!"

쭈욱 마시고 복 그릇을 챙겨 들고 나오니 서녘에 붉은 노을

이 걸려 있었다. 겨울 같으면 진작 캄캄해질 시간이 아닌가.

할머니는 어머니 갖다 드리라고, 맛이나 보라며 취나물 무친 걸 쬐끔 검정 봉다리에 담아설랑 건네셨다.

"초상 치를 준비를 혀야 쓰겄재라우? 염은 목사님이 해주시믄 쓰겄고."

"영감님 들으시겠네. 그 때 돼서 이야기하시자고요."

나는 쉬쉬하면서 토방 아래 벗어놓은 신발을 찾았다. 아랑곳없이 할머니는 수의를 진작 준비해두었다느니, 무덤 터도 잡아 놓았다느니, 어쨌다느니 하시면서 스스로 안심이 되는지 그런 말씀을 계속하셨다. 일흔의 정정한 아내와 여든의 병든 남편은 그렇게 헤어질 날을 기다리고 있었다.

할머니 손을 잡았다. 손바닥이 돌처럼 까끌까끌했다. 이 손으로 복 그릇을 하얗게 닦으셨을 할머니.

여러 갈래 수많은 길 중에
그대의 손길로 건네
손길이 머무는 곳으로
발길 따라서 걸었더니
괴로웠다네 넘어지기도 하고
길을 잃기도 여러 번
이제부터는 손길을 따라
걸어가려네

그댈 놓지 않으리

뒷담 벽에 고개를 내민 아가위나무가 제 어머니가 살고 있을 앞산을 바라보고 있었다. 남생이무당벌레는 보는 눈은 있어 가지고 나보다 먼저 그 풀잎에 앉아 '좋다! 참 좋다!' 얼굴짓이다. 별똥별처럼 어디서들 날아온 걸까. 남생이무당벌레, 전에 살던 별보다 지내기가 괜찮은가 등껍데기 살이 포동포동 차올라 있어라. 건너편 우우우우 피어난 찔레꽃도 한창이었다. 요 아름다운 것들, 새로 시작하는 것들. 저물어 불빛이 꺼져가는 할아버지 할머니 얼굴을 보다가 아가위나무 잎이며 어린 무당벌레며 찔레꽃을 보고 있자니 세상의 이쪽 끝과 저쪽 끝을 통째로 구경한 셈이 되었구나.

어디서 왔는가 꽃이여
어딜 그리 떠돌다가
이곳에 머무는가
만나기 위해 떠나온 자여
떠나기 위해 머무는 자여
인연이라고 말해다오
사랑이라고 말해다오
잠시일지라도 우리 이렇게
마주할 수 있으니

찔레꽃 가지를 하나 꺾어 들고 오면서 멀리 노을을 바라보다가 하나둘 켜지는 외등 아래 나는 이렇게 노래를 불렀다. 어제 뜰에 핀 라일락꽃을 보고 지은 시에 내 멋대로 가락을 붙여 부른 노래였다.

집에 돌아와 찔레꽃을 화병에 꽂고 그러다 떨어진 꽃잎 몇 개는 복 그릇에 물을 떠서 둥둥 띄웠다. 눕기 전에 찻상 위에 올려놓고 정한수 삼아 기도를 바쳤다. 오늘 만난 마을 분들을 담고, 가난한 형제자매 이웃들을 담고 바친 기도였다. 기도를 마치고 눈을 뜨니 복 자가 가슴 가득 밀려들었다. 그 글자가 뜨거웠다. 사랑할 수 있는 복, 기도할 수 있는 복. 공명과 교감이 이 낮은 땅의 사람들과 함께 나누는 복이라는 깨달음이 복 자와 함께 와르륵 밀려들었다.

달이름

논바닥에 들어갈 모종상자를 둘러보고 오는 길이었다. 지난겨울 몽구리였던 논두렁은 자운영 꽃대가 쑤억쑤억 올라와 있어서 짓밟고 걷는 걸음을 미안하게 만들었다. 갈아엎어 거름으로 쓰려고 일부러 가꾼 자운영 꽃밭도 더러 보였다. 소가지 없는 생각이란 건 알지만 좀 더 오래 그대로 둘 순 없을까 싶었다.

저수지 물길에 삽을 씻고 마당에 들어섰더니 모란이 활짝 피어 팔을 벌려 반기고, 작은주홍부전나비는 꽃내를 맡고 날아오고, 가시엉겅퀴 잎대에는 무당벌레가 붙어서 '어디 다녀오세요?' 물어보는 얼굴이다.

넝쿨도 많이 자랐구나. 월담을 그토록 시도하더니 결국 너 해내고 말았구나. 기세로 보아 머잖아 흙담을 다 덮겠다. 보이는 것마다 모두 푸르고 성긴 날. 이제 여름 복판이라고 왕왕 불러도 뭐랄 사람 없겠다.

숨을 돌리고 쉬었다가 빼닫이 속에 퀴퀴했던 옷가지들을 긁어냈다. 짧은 소매 옷들아! 이젠 네 세상이다. 긴소매 옷들아! 가을에 만나자꾸나. 그동안 고마웠다. 아 참, 곧 장마가 몰려올 테지? 싸늘할 날을 생각하고 지혜로 몇 벌은 남겨둬야겠다. 모시옷은 풀을 먹여서 다려놔야지. 더위야, 와보거라. 나는 끄떡없을 테니깐.

오늘 일은 여기서 끝! 물김치에 밥 한술 말아 먹고 상보만 덮어 두고 방에 드러누웠다. 노모는 광주 딸네 집에 가신 김에 이모네 집까지 순례하고 오시겠단다. 익숙해질 때도 되었는데 혼자 사는 일이 그렇게 간단치만은 않구나. 금방 끼니 때 닥치고 금방 개밥 줄 때 되고 새벽이 될라치면 어느새 해가 뉘엿뉘엿 허망한 오밤중이렷다.

세월이 아쉬워 달력을 찬찬히 넘기게 된다. 시방은 5월 나들이달에서 6월 논두렁달로 걸어가는 중이다. 5월 나들이달이라 지었더니 글쎄 진짜로 나들이를 가게 생겼다. 바다 건너 남아메리카 친구들이 비행기 표까지 보내온 통에 부활절 휴가를 그렇게 쓰게 되었다. 돌아오면 6월 논두렁달. 논두렁달엔 참말 논두렁에서 구릿빛으로 달궈져 살게 될 게야. 나들이

달이니 논두렁달이니 그게 뭐냐고 하실 분도 있겠구나. 오래 전부터 나는 북미 인디언처럼 달 이름을 짓고 있다.

1월은 새해 아침 새하늘 새땅 새누리에 해오름달
2월은 잎샘추위와 꽃샘추위 사이에서 시샘달
3월은 뫼와 들에 봄물 올라오는 물오름달
4월은 저마다 잎들이 우거지는 잎새달
5월은 나무뿐만 아니라 마음마저 모두 푸르러지는 푸른달
6월은 온 누리에 생명의 숨소리가 가득 찬 누리달
7월은 견우직녀가 오작교에서 만나듯 남북이 얼싸덜싸 하나 되는 견우직녀달
8월은 불볕더위로 대지가 붉게 타오름달
9월은 가지마다 논밭마다 열매달
10월은 밝달뫼 한겨레가 아침의 나라에서 하늘연달
11월은 가을에서 겨울로 치달아가는 사이 미틈달
12월은 마음을 가다듬는 한 해의 끄트머리 매듭달

올해 만든 달력에는 이런 달 이름을 적어 넣었지.

1월은 새벽별달, 2월은 고드름달, 3월은 꽃뜨락달,
4월은 안개숲달, 5월은 나들이달, 6월은 논두렁달,
7월은 빗방울달, 8월은 섬그늘달, 9월은 허수아비달,

10월은 달맞이달, 11월은 까치밥달, 12월은 함박눈달

또 이렇게도 달 이름을 지어보았어.

1월은 무거운 짐 진 자여 다 내게로 오라고 조랑말달
2월은 이십팔 일뿐 싹둑 꼬리가 잘려나간 도롱뇽달
3월은 잠이 덜 깼나 술이 안 깼나 비틀비틀 반달곰달
4월은 노랑치마 걸치고 봄산에 나니나니나! 노랑나비달
5월은 봄바람에 수염을 날리며 헛기침 크흠 염소할매달
6월은 너를 만나려고 환히 불을 켜고 왔단다 반딧불이달
7월은 남녘북녘 하나 되는 그날까지 오작교에 까마귀달
8월은 바람 서늘한 북녘 땅 백두산에서 살고파라 호랑이달
9월은 이 동아줄을 타고 올라가야 천당이라지 거미줄달
10월은 휘영청 달빛 아래 노래 한 자락 뽑을까 귀뚜라미달
11월은 다시 찾아온 이유는 네가 있기 때문이야 기러기달
12월은 꼬맹아 몸살 나겠다, 눈밭에서 그만 좀 놀아 강아지달

읍내 벗들의 가게나 마을 벗들의 집에 가보면 내가 만든 달력이 떠억하니 걸려 있다. 물론 농협이다 어디다 받았을 주먹만 한 글씨의 알아보기 쉽게 만든 큰 달력도 함께 걸려 있지만서두. 병남 씨 집만 해도 내가 그렇게 여러 개를 준 기억

이 없는데 어떻게 빼돌렸는지 안방이고 건너방이고 간에 내 달력으로 도배를 하고 있었다. 달 이름이 그렇게 맘에 드느냐고 물었더니 무슨 소리냐고, 그림이 좋아서 걸어놓은 것이라고 딴전이었다. 하지만 엊그제, 교인들한테 들었노라고, 여비에 보태 쓰라며 만 원짜리 석 장을 봉투에 담아 오셔서 하시는 말씀이, "나들이달이라고 그라시덩만 진짜로 나들이를 가셔부요잉"이었다.

달 이름을 다 기억하고 계셨던 거였다.

자전거포

디루룽디루룽 굴러가는, 느려터진 바퀴살 너머로 먼 산의 능선까지 엄벙통 엿보일 지경이었다. 그렇게 세상없는 게으름으로 자전거에 질러 앉아 무변광야를 헤매고 다녔다. 이리 날도 뜨거운데 마당밭에 콩을 심으라니……. 입술을 도깨비 방망이로 알고 계시는 노모의 지령을 과감히 무시하고 베슬베슬 줄행랑을 놓는 참이었다. 왜 어르신들은 젊은 놈 자빠져 노는 꼴을 못 보시는 걸까? 두 발은 뭐 하라고 달렸겠어. 이럴 때 도망가라고 달린 게지.

기왕지사 내뺀 걸음이니 부쳐 먹고 있는 논에 한 번 들르고 남포 쪽에 새로 난 길도 둘러보았다. 까딱했다 더위 먹으면 암팡 덤터기라 집 가까운 학교까지 스렁새렁 되돌아왔다. 학교 앞 점방에 둘러 얼음과자를 넣고 파는 박스를 열고 깊숙이 손을 넣었다. 냉땀을 가장 많이 흘리고 있는 브라보콘 하나를 집어 들기 위함이었다. 돈을 가지고 나오지 않아 신용 하나로 좌악 외상을 그었다. 내 비록 오갈든 경제 사정에서 헤어나지 못하는 신세건만 브라보콘 하나쯤 외상 달고 먹을 수 있는 신용은 있다 이거다. 나 여태까진 잘 살고 있음이렷야. 그러니깐 용기 잃지 말라구 흐흐.

학교 운동장에 도열한 플라타너스 그늘 아래에 자전거를 멈춰 세웠다. 미끄럼틀이 편히 누워 쉬어가라고 비스듬한 자세로 대기 중이었다. 이 지극한 배려를 외면하고 지나친다는 건 아무래도 매정한 노릇이겠거니 싶었다. 바람이 살랑거리는 미끄럼틀에 드러누워 얼음보숭이를 핥아댔다. 수염에 크림이 흘러 묻어도 쳐다볼 사람도 없고, 오로지 먹는 일에만 열중했다. 막걸리 마시려고 장만한 수염인데(논밭일 마치고 한 순배 시원하니 들이켜는 막걸리가 수염을 타고 주르륵 흐를 때의 그 느낌, 그 죽이는 느낌, 알랑가 몰라!) 아이스크림 먹을 때도 이거 재미가 솔찬하다. 교실에서는 아이들이 부는 리코더 소리가 들려오고, 나무 위에서는 무당새가 '태풍아, 저리 가라' 푸닥거리를 하는지 쌔쌔 울어쌌고, 먼 들녘에서는 여태 못다 한 일이 남았는지 경운기 발동 소리가 들려왔다. 만사 귀찮고 일없이 불쾌감을 느끼게 된다는 영상 30도를 웃도는 찌는 더위라 할지라도 이런 초특급 울트라 메가톤 한량 앞에서 어디 명함 한 번 내밀어 볼 수 있겠는가?

얼음까지 뱃속에 집어넣은 형편이니 폭염 때마다 생각나는 빙하기 원시인이 하나 부럽지 않아라. 이왕 찾아온 학교니만큼 아이들 보이지 않을 때 주책 한 번 떨어 볼까나? 오랜만에 철봉을 한 번 잡아보았다. 어려서는 선생님이 옆구리를 잡고 번쩍 들어주어야 잡히던 철봉이었는데, 이제는 손만 내밀던 덥석덥석 잡힌다. 오색 페인트가 칠해진 폐타이어 다리도 징검다리 뛰듯 건너본다. 그네로 옮겨 앉아 휘파람을 휘휘 불면서 타고 노는 중이었는데 운동장을 가로지르면서 차 한 대가 불쑥 다가왔다. 아마 선생님 한 분이 출장을 다녀오시는 모양이었다. 응달진 곳에 차를 대고 나서 건물 쪽으로 가려다 말고 나를 발견하고는 다가오셨다.

"여보쇼, 아이들 놀이기구를 어른이 타믄 되겠소?"

아이쿠, 이 짓이 욕 얻어먹을 짓이었구나.

"예, 예. 잘못했습니다."

말이 떨어지기가 무섭게 그네에서 벌떡 일어났다. 긴 바지를 싹둑 잘라 입은 반바지에서 비쳐나는 불량기에다 정신이 온전하게 보이지 않을, 수염에 묻은 아이스크림이 경계심을 증폭시키고 있는 듯 보였다. 더구나 요 전날 관내 초등학교에서 불미스러운 일도 있었던 터라 거시기머시기의 눈초리까지 겨누어지고 있었다.

"학교에서 당장 나가세욧!"

밑도 끝도 없는 일방적인 무지막지한 추방령이었다. 학부모도 아니고 하여 학교와 거리를 두고 살기는 하지만, 명색이 동네 교회 목사가 면식이 없어 동네 초등학교에서 놀다 쫓겨날 판국이었다.

입에서 대꾸할 거리들이 맴돌았으나 지겹게 논 뒤끝인지라 순순히 말씀에 따르기로 했다. 선생님의 따가운 시선을 뒤로 하고 급히 자전거에 올라탔다. 그런데, 아뿔싸! 자전거 뒷바퀴가 털버덕 주저앉는 게 아닌가? 펑크였다. 하필 이 때에……. 자전거에서 내려 뒷바퀴를 망연자실 바라보았다.

"어서 나가시랑께요?"

"내 참, 알았어요 알았습니다잉."

고개를 답뿍 숙이고, 속으로는 콧방귀를 히잉거리면서 자전거를 끌고 걸어 나왔다.

'그나저나 빵꾸 때울 일이 심란시룹네. 이 일을 어쩐다지?'

자전거를 끌고 오는 길 내내 적이 걱정이었다. 몇 주 전만 해도 추도리 자전거포 김씨 아재가 계셨기에 이런 걱정은 돈 준대도 안 했을 걱정이었다. 그런데 하필 지지난주 김씨가 기별 한 통 없이 세상을 뜨는 바람에 이젠 자전거 수리를 맡기려면 읍내까지 부득이 메고 가야 한다. 그이의 죽음에 깊은 애석의 마음까지는 갖지 못했던 나였는데, 이렇게 빨리 그의 부재가 나와 상관있는 일로 다가올 줄이야. 자전거포 김씨가 없는 내 자전거는 산 밖에 난 범이요, 물 밖에 난 생선 신세나 다름없었다. 전에 그이가 펑크를 때우던 일을 곰곰이 기억하여 스스로 고쳐볼 생각도 있었지만 쉬이 엄두가 나지 않았다. 이럴 줄 알았으면 그때 자전거를 새것으로 장만했어야 했는데……. 서너 달 전에 핸들이 비틀어지고 안장이 내려앉아 김씨에게 수리를 한 번 맡긴 일이 있었다. 이제 생각해보니 그날 그는 죽음을 예고하듯 생애를 긴급 처분할 사람처럼 새 자전거를 헐값으로 넘기려고 무던 애를 썼다.

"때꼽자구(땟국물) 양양 낀 것은 둘째로 치고라도 요런 육이오 때 피난 짐이나 실었을 자전차를 으찌게 탄당가? 궁상바가지 떨지 말고 이참에 한 대 새로 장만하라고잉."

"구사리(체인)만 새걸로 갈아주시믄 된다니깐요?"

"내 싸게 한 대 넴길 텡게 조온 걸로 골라나 보셔."

"아고고 참말로……."

"여그 봐봐. 접었다 폈다 허는 신종 자전찬디 차 뒤칸에다 넣어가꼬 다님시롱 타고 싶을 때 빼가꼬 요렇게 펴가꼬 타믄 되야. 진지럭정나게 타보다가 맘에 안 들믄 도로(다시) 가져와도 써."

자전거 타기를 무엇보다 좋아하는 내가 새 자전거에 어찌 탐심이 생기지 않았겠는가. 그러나 헌것이라도 고쳐 쓰면 되겠기에 새 것 욕심을 버렸다.

"보쌀(보리) 농사는 비가 협조를 안 해줘가꼬 올해 아조

흉년을 올케(옳게) 봐부렀네. 그뿐인가? 게데기(고양이) 세수나 할 몰을 가꼬 모를 심었는디 군데군데 보타져서 말라죽었드랑게. 그래 갈아 심느라 오장이 상해부렀네."

김씨 아재는 앞에 놓아가던 말과 하등 상관없는 농사 이야기를 꺼내시는 거였다. 동정을 유빌하여 한 대 팔아볼 속셈인가? 그렇든 아니든 못 이기는 척하고 살 것을 후회가 된다. 그랬더라면 그이에게 삶의 작은 희망이라도 드리우게 할 수 있었을 텐데. 그랬더라면 학교에서 완전 떨거지 범죄형 인간으로 취급되어 내쫓기지는 않았을 것인데. 이렇게 뒷바퀴 펑크 따위로 생머리를 앓지는 않았을 터인데.

중요 무형문화재가 대가 끊기는 이야기는 땅 파먹고 사는 시골 평민들에게는 남 이야기만 같고, 이렇듯 내 곁에 살던 소중한 이웃, 꼭 필요한 인력이 사라져가는 현실이 가슴을 무겁게 짓누른다.

차 트렁크에 매달려 고개를 처량하게 내민 자전거는, 안타깝게도 낯설고 먼 읍내 자전거포로 가릉가릉 쿨럭이며 실려가는 중이었다.

담배 한 갑

봄볕 부시던 날들, 선인장이 가로수로 늘어서 있는 북아메리카 서부 사막 길을 방울뱀과 둘이서 날름거리며 돌아다녔다. 아름드리 나무들이 사락사락 이파리를 닿아싸며 사랑해 사랑한다구 노래하던 펜실베이니아와 뉴저지의 숲길을 부지런히 돌아다녔다.

한 달 넘게 북아메리카 대륙을 걷다 왔다. 뉴욕 여성단체 '오픈웍스'로부터 이야기 한마디 부탁받아 맨해튼 시가지에 두어 주 머물렀고(이제는 폭삭 무너져 없어진 무역센터 빌딩, 그 아래 걸터앉아 체리를 먹었는데……) 뉴저지 산골 탄광촌에 있는 교회에서 설교를 했으며 필라델피아 동포들이 마련한 광주민주화운동 추모행사의 연사로 나서 일장 연설을 하기도 했다.

바늘구멍으로 하늘을 보고 살던 가난뱅이가 이 무슨 호대접인고 했다. 자칭 마지막 인디언이라고 노래를 불러댔더니 삼생연분이 거기서 비롯된 게야. 기회가 기회니 서부의 산간 사막까지 야물딱지게 구경을 마치고 그림쟁이 친구가 사는 로스앤젤레스 외곽에서 귀국날짜 비헝기 표를 만지작거렸다.

먼 길, 그리고 오랜 외출이라 집이며 남새밭이며 내가 없을 때 교회 설교를 맡은 전도사님까지 단단히 단도리를 하고 나선 길. 동네 벗들은 '잘 다녀오세요' 혹은 '댕겨와부랑게' 등등 좋은 말들 다 놔두고 미국식으로 기어 인사를 해야 쓰겠다며 '키스 엔 세이 굿바이' 혀 꼬부라진 소리를 해댔다. 고춧가루로 불난 이빨을 헤벌쭉 벌리면서 굿바이 키스를 하자고 까불어댔다.

선물은 절대 사오지 말라고, 사오란 말보다 더 무섭게시리 신신당부하는 이도 있었다. 선물을 안 사왔다간 인천 공항에다 귀국 결사반대 현수막을 내걸겠다고 협박을 늘어놓는 이도 있었다. 동네를 뒤로하고 나선 길, 미루나무가 장승처럼 늘어선 신작로를 따라 어둑새벽 부랴부랴 마을을 빠져나온 길, 그러나 이렇게 다시 돌아오고야 말았다. 내가 다시 돌아온 이유는?

왕복표를 샀다.
왕복표를 산 이유는
당신이 여기 살고 있기 때문이다.
당신이 없다면 내가 무슨 지랄 났다고
여기 다시 돌아오겠는가.

을덕 씨가 내 귀환 소식을 들었다면 대번 "재밌어부렀어?" 하며 한마디 뱉었을 것이다. 한창 농번기라 주정뱅이 을덕 씨라도 아쉬웠던가? 듣자하니 모내는 작업에 일당벌이를 하고 있단다. 을덕 씨 특유의 말투로 "재밌어부렀어?" 하는 그 비꼬는 듯한 말로 여행의 대미를 장식해야 하는데……. 좁은 동네니 며칠 못 가 길바닥에서라도 만나게 되겠지. 그럼 분명히 샘이 나서 "재밌어부렀어?"라고 한마디 내뱉을 것이다. 혼자 세월이라 잡숫는 것도 부실할 텐데 을덕 씨에게는 비타민 보조식품이라도 한 통 쥐어줘야겠다. 생각하고 사온 미제 보약이라고 하면 울랄라 어깻바람이 나서 그러잖아도 각별한 보살핌이 곱배기나 더 하겠지?

사랑방지기들은 비싼 위스키 양주를 고대했던 모양이다. 눈꼬리를 말아 세우고 술은 어데 감췄냐며 뒤춤을 살폈다. 죽자꾸나 연모하여 마지않던 소주를 배신하고 임 목사 덕분에 양주로 한바탕 위장을 발라볼 작정이었던가? 이럴 줄 알았으면 양주를 한 병 사올걸 그랬군, 후회가 깊었다. 다행히 담배를 사온 게 있어 입막음은 할 수 있었다. 그냥 맛이나 한 번 보자고 갖가지 종류로 챙겨온 담배들이었다.

우리 동네 벗들, 아직도 그 담배가 생산되고 있느냐며 놀라실 몇 백 원짜리 싸디 싼 담배를 태우시는 분들이다. 그러니 하늘의 음덕으로 비싼 양담배도 한 번쯤 빨아보아야 하지 않겠는가.

집에 계실만한 분들에게 전화 연락을 올렸다. 마다할 분들이 어디 있겠는가. 예배당 감나무 아래 의자에 수박 한 덩어리 썰어 놓고 앉아 담배 잔치를 열었다. 담배의 시조인 인디언 부족의 잔칫날이 이와 다르지 않았을 것이란 짐작이었다.

"푸허, 나는 역시 양담배 체질이랑게로, 미국서 태어났어야 옳은디 삼신할망구가 술 처먹고 어만 데다 점지를 해부러가꼬 요모냥이라고."

"네가 미국서 태어났으믄 버버리 되어부렀겄다 영어가 얼매나 어려운 말인디."

"양놈들 담배는 겁나 매웁구마이. 고것들이 요라코롬 독한 놈들이여."

"골고루 있응게로 한 대씩 싸악 맛을 보자고들."

"뭐냐 거시기 씨가인가 뭐신가 하는, 서부영화에 나오는 굵은 담배도 조깐 사오재만 그러셨소."

"비싸서 못 사왔는디요."

"으매 외상 달고 조깐 사오시재마는. 영판 아숩네."

담뱃불이 별빛을 보태고 그간 고된 농사일로 찜부럭했을 얼굴들에 화색이 감돌아 초승달 체면이 말이 아닌 밤이었다. 이렇게나마 모시기를 참 잘 했구나 싶었다.

이런 인생들에 취한 김에 나도 가끔 몇 부리는 입담배로 한 모금씩 얻어서 빨아보게 된다. 체 게바라나 호치민이나 멕시코의 내 사랑 프리다 칼로나 시인 김수영이나 우리 동네 '흙에 살리라' 동지들처럼 담배를 꼬나문 사람들이 나는 순수하고 좋다.

골무를 손가락 끝에 끼우면 바늘에 찔려도 아픔은 덜할 테지? 아껴주고 돌봐주는 사람이 곁에 있으면 괴롭고 힘든 삶도 적이 위로가 될 것이다. 가령 어떤 이에게는 담배가 골무이기도 한 것이다. 나는 그런 외로운 사람들 곁에 오래 있어 보았고 또 앞으로도 그럴 작정이기에 건강 염려나 종교적 금기나 그런 따위에 아랑곳없이 담배 예찬론자로 남을 생각이다.

나무 그늘 아래

어김없이 올해도 석류나무는 꽃가지를 흔들며 찾아왔다. "가시내야!" 하면서 석류나무에게 말을 건네면 석류나무는 "왜 머슴애야!" 하면서 꽃가지를 코앞까지 디밀며 함씬 웃는다.

"그냥 한 번 불러봤어, 예뻐서."

내가 나무와 이야기를 나누며 지낸다면 이 지구별 사람들 가운데 몇이나 내 말을 믿으려들까? 사실 여부를 넘어서 오죽 외로우면 나무한테까지 말을 걸고 저럴까 오히려 불쌍하게 여길지도 모르겠다. 그러나 불쌍하게 여기지는 마시라. 불상(불쌍)은 절집에 있는 거니까.

주일예배 마치고 교인들 보내는 길, 석류나무 그늘에 서서 오래 손을 흔들고 있는데 석류나무가 말을 걸어왔다.

"다시 혼자네? 점심 맛있게 들고 내 그늘로 오라구. 자장 자장 낮잠 재워드릴 테니깐."

한가한 낮때 석류나무의 달콤한 유혹이었다. 곁에 누우라니, 오래 사귄 친구지만 가까운 사이에게나 꺼낼 그런 말을 나에게 건네다니. 맘 바뀌기 전에 어서 그래야지. 밥숟가락을 들었는지 말았는지 텐트 살 때 함께 받았던 드러눕도록 펼 수 있는 의자를 창고를 뒤져 찾아냈다. 그리고 석류나무, 그 여자의 겨드랑이인 그늘에 기대어 참말 꿀잠을 달게 잤다.

다른 교회 목사님들 같으면 얼마나 바쁜 일요일인가. 그런데 우리 교회는 일주일에 오전 예배 딱 한 번이 전부다. 예배 끝나고 교우들과 점심을 지어 먹기도 하는데 농사철이고 해서 그 일도 쉬고 있다. 교우들 떠나고 나면 너른 집이 얼마나 휑한지 모른다. 엄살이 심해서 그렇지 다망한 농사가 있는 것도 아니고, 이웃사촌 농사일을 거들어주기도 하지만 올해는 부쩍 몸이 부실해져서 그도 못 나서고 있다. 모두 들에 나가고 없는 마을을 지키는 나 같은 파수꾼도 있어야질 않겠는가.

심심할까봐 나무들이 부러 말을 걸어온다.

"어깨춤! 나랑 춤 한 번 출까?"

더구나 석류나무는 꽃과 그늘뿐만 아니라 보석함 같은 열매까지 건네며 나를 무척 사랑해준다. 사람에게는 보석을 선물 받은 일이 없으나 석류나무에게서는 해마다 돈으로는 살 수 없는 보석을, 보석함 통째로 선물 받는 것이다.

꿀잠이 깬 것은 아이들 때문이었다. 동네 아이들이 물총놀이를 하며 시끄럽게 굴었다. 대처에 나갔다가 아이들 생각에 사온, 아이들 몸집만큼 커다란 물총들, 교회에 두고 아이들이 마음대로 가지고 놀게 하고 있다. 덕분에 물총놀이를 할 만한 고만고만한 꼬맹이들의 내방이 잦다. 마당이 넓고 조그만 집들이 여러 채고 나무도 많고, 무엇보다 집주인이 물러 터졌으니 아이들 물총놀이에는 이만한 데가 없는 것이다.

"어깨춤 목사님, 우리 같이 물총싸움 해요."

"됐다, 이놈들아. 너희들이나 많이 해라. 내가 너그 또래 친구라도 되냐."

"짝이 안 맞는데요? 삼 대 삼으로 해야 재밌는디."

"미안해. 다음에 놀자꾸나."

"치잇! 다음엔 누가 끼워준대요?"

하품을 늘어지게 하는 나를 향해 놈들이 물총을 쏘아댔다. 아이들 목소리가 멀어진 뒤 방에 들어가 빳빳한 종이와 크레파스를 가지고 나왔다. 종이배를 접으려고.

"웬 종이배?"

"아이들 돌아갈 때 하나씩 주려고. 다음에 안 놀아준다잖아. 잘 보여야지."

"흐음, 착한 아저씨."

"그래 나 착해, 몰랐어?"

종이배에다 아이들 이름을 적고 진짜 배처럼 그림도 새겨 넣었다. 놀 만큼 놀았는지 물총을 내려놓고 돌아가는 길, 아이들은 자기 이름이 적힌 배를 하나씩 집어 들었다. 그 길로 농수로에 가서 띄우겠단다.

나는 다시 혼자가 되었다. 아니, 석류나무랑 둘이 되었다.

"나도 어서 열매를 가득 채워서 귀염둥이를 기쁘게 해줘야지."

"으음, 착한 석류나무."

"그래 나도 착해, 몰랐어?"

둘이 까르르까르르 숨넘어가게 웃었다. 햇살이 나뭇잎 그물망에 걸려 잘게 잘게 부서져 내리고 나는 그늘에 다시 몸을 뉘었다. 석류나무가 나를 물끄러미 내려다보았다. 사랑스럽다는 듯.

우산

보슬비쯤이야. 대수롭지 않게 여기고 산밭에 올라가 호박 구덩이를 팠다. 일을 다 마치고 땀을 닦으려다 보니 속옷까지 젖었음을 그제야 알았다. 돌아와 토방 기둥에 줄을 치고 바지를 벗어 널었다. 날이 언제 갤지 모르지만 마를 때까지는 너와 이별이로구나. 땀에 전 웃옷은 물에 헹구어 탈탈 털어 널었다.

"빤스 바람으로 거 뭐하고 계시다요?"

으아악, 수동댁 할머니가 와 계셨다. 그러고 보니 난 팬티 하나 달랑 걸친 타잔이었다. 갈아입을 바지를 찾느라고 허둥지둥.

"남정네 속옷까지 봤응게로 이거 책임지셔야 되는 거 아닙니까?"

"워따메 그랬다믄 내가 서방이 수천 명이었게라우?"

애초에 말을 말걸, 되로 주고 말로 받은 꼴이렷다. 어머니는 동네에 심어놓은 고정 간첩 수동댁 할머니를 통하여 우리 동네 돌아가는 근황을 방에 앉아서도 훤히 꿰차시곤 하신다. 오늘이 바로 그 간첩 접선날인 모양이었다.

"날도 이란디 파 송송 썰어 넣어가꼬 전데기나 부체 묵으믄 으짜까라우?"

마침 일 마치고 시장한 터라 반가운 말씀이었다. 파전은 부치는 족족 부엌에 선 채 낚아 먹었다.

"할머니는 이제 서울은 안 가실랍니까?"

"가긴 가야겄재마는 살러는 인자 가지 않을라요."

할머니는 서울 아들네에서 근 반 년 사시다 내려오신 지 얼마 되지 않았다. 혼자서 살아 버릇한 분이시라 아들네랑 같이 살기 불편한 점이 많았을 것이다. 할머니는 전을 드시다 말고 재미난 사건 하나를 들려주셨다. 대학 다니는 손녀딸의 청바지에 얽힌 이야기였다.

"엇써 이라고 좋은 쓰봉(바지)을 찢어 묵었능가 버리기도 아깝고 혀서 세탁소에 갖다 맡겼지라우. 다음 날 찾아다 주니께 고마워 허는 거시 아니라 댑대꼬깔 달라듬시롱 나보고 바지 물어내라고 난리를 치드랑게라우. 시상에 그라고 찢어진 옷을 비싼 돈 주고 샀닥 안 허요. 고놈의 찢어진 청바지 꼬매 줬다가 손주년헌티 얼매나 구박을 받았는지 모르실 거시오.”

듣고 있던 식구 모두 파안대소. 이런 구닥다리 할머니가 어떻게 서울에서 사시겠는가.

“저녁 드시고 가시재마는 그러셔요.”

“아니여라우. 집에서 묵는 버릇해야제 밖에서 얻어 묵기 시작하믄 몸뗑이가 게을러져가꼬 밥하기가 아조 귀찮드랑게요. 한 솥 까득 밥은 해났응게 찬만 놓으면 써요.”

먹다 남은 파전 몇 장 싸 들고 집으로 향하시는 할머니. 가지고 오신 우산은 대가 절반이나 부러져 있었지만 할머니는 개의치 않고 쓰고 가신다. 바람이 치자 우산이 휘청했다. 야윈 할머니도 따라서 휘청했다. 할머니는 우산을 접고 비를 맞으며 걸으셨다. 살만큼 사셨다는 배짱인가? 비에 젖어 감기라도 걸리시면 어쩌시려고.

신발장에 새 우산이 하나 있었지, 아 그래, 여기 있구나.

“잠깐만요, 할머니!”

소리를 질렀다.

“저 노인네 가는귀 솔찬히 먹었어야.”

마루에 앉아 계시던 어머니가 달려가 보라고 하신다. 빗속을 뛰어가 할머니에게 새 우산을 펴드렸다.

“됬다 쓰시재마는 그라시요. 얼매나 더 산다고 새것 욕심은 없당게라우.”

그래도 좋으신가 허허 웃으시며 분홍색 새 우산을 받아 쥐신다.

언제 오셨는지 어머니가 우산을 들고 내 곁에 서계셨다.

"비 맞지 말고 일루 얼른 들어와라이."

어머니랑 한 우산 안에 서 있어본 지 참 오랜만이다. 일흔 고개를 넘기시더니 어머니 키가 날로 작아지시는구나.

부채바람

아무리 여름 복판이라고는 하나 인정사정없는 불볕더위가 연일인지라 얼굴마다 고생 주름이 가득 잡혀서들 안쓰러워라. 이쪽 말로 맥아리(기운)가 싹 빠지고, 흐물흐물 오종종 사지는 녹아들거나 졸아들고, 배꼽 언저리로 김이 모락거리고, 머리통은 할래발딱대다 결국 나가자빠질 지경이렷다. 그렇다고 복날을 무사히 넘긴 황구마냥 자축하며 어절씨구 니나노로 늘어져 태평세월일 수만은 없는 노릇! 가솔을 책임진 최씨는 연장 상자를 챙겨 들고서 새벽 어스름녘 일터로 나갔다. 사방 공사판 모퉁이에 쪼그려 앉아 새참 시간 시원한 막걸리 한잔이라도 얻어는 마셨는지……. 공납금 내야 할 말일이 다가오고 있는데 밀린 임금은 어떻게 받아 챙기긴 하였는지…….

한편 체통을 지키며 사느라 웃통 한 번 시원스레 벗지 못하는 저기 빌딩 숲의 신사 숙녀들은 오늘 발뺌 수작도 못하고서 고단한 일상의 가속 페달을 깊숙이 밟고 있음이렷다.

진짜 덥고 덥다. 이 무더위를 어찌 견뎌야 할꼬.

서늘한 나무 그늘 아래 살고 있는 나라고 하여 만날 신선놀음인 것은 아니다. 바짝 마른 콩밭에 물도 길러다 바쳐야 하고, 잎사귀병이 오지 않았나 논밭에도 나가봐야 하며, 동네 한바퀴 주민들 심방도 해보아야 한다. 더구나 요즘 나는 호랑이보다 무섭다는 여름 손님을 종종이 아니라 줄창으로 받고 있는 형편이다. 바야흐로 여름 휴가철. 남도답사 일번지 다산초당이라는 관광지 옆 마을에 사는 죄로 나는 유객의 주모 정도로 취급되기 일쑤다. 그 정도는 대충 막강 노하우로 버텨온 세월이었는데, 심심한 날 긁적거린 글들이 밖으로 나돌게 된 이후부터 부러 나를 보겠다고 길을 나선 친구들까지 생겨 엎친 데 덮친 격이 되고 말았다. 전에는 속옷 한 장으로 가릴 것만 대충 가리고 웃통은 모두 벗어젖힌 채 대자리에 드러누워 침까지 질질 흘러가며 낮잠 한숨 때리기도 했었다. 하지만 요즘은 누가 갑자기 들이닥칠지 모르는 불안한 세월이다.

엇그제였다. 옷을 못 벗는 대신 중치 막히게 하는 창호지를 모두 뜯어내고 그 자리에 모기장 그물 천을 떠다가 졸대를 붙여 못질로 샅샅이 박았다. 그랬더니 날벌레들은 걸러지고 서늘바람이 숭숭 방 안으로, 내 살갗으로 파고들기 시작했다. 그렇다고 더위와 아주 결별한 냉방 천당이 된 것은 아니다. 바람의 지지부진을 예상하고 준비한 물건이 있으니 바로 요 '부채'렷다. 바람이 불지 않을 때면 대체로 부채를 의지하여 복더위를 물리치고 있다.

내 방에는 부채가 두 개 놓여 있다. 하나는 지난 단옷날에 읍내 학교 국어선생님이 동네 사는 제자 편에 선물로 보내온 부채다. 단옷날 부채를 선물하는 고유 풍습을 기억나게 해준 고마운 선물이다. 선물은 무엇인지 각별한 것이어서 더불어 사는 정과 소중히 여기는 마음을 간직하게 한다. 부채질을 할 때마다 선물한 이의 염려하고 아끼는 마음씨를 기억하게 된다. 여름에는 부채만큼 좋은 선물도 없을 거란 생각이다.

다른 부채 하나는 전주 사시는 풀여치 시인이 무더위를 잘 견디라며 보내온 부채다. 직접 그린 그림에 덕담까지 씌어 있어 더위를 날리는 노릇만 하는 게 아니라 볼거리까지 제공하는 부채다. 이들 부채로 나는 꿀잠을 자는 아이에게 부채질을 해주기도 한다.

'너희들은 덥거라. 나만은 시원할란다.'

에어컨을 가동하고 문을 닫아건 공간에서 여름을 나는 사람들만 사는 게 아니다. 작은 부채 하나로 여름을 나면서 아이의 더위를 쫓아주는 아버지도 여기 이렇게 살고 있다. 외갓

집을 찾은 손주에게, 또는 병든 이웃집 할매에게 부채질을 해주는 할머니들이 있다. 행성의 존망을 염려하는 거창한 구호까지 들먹이지 않더라도, 일단 에어컨보다는 부채가 백 배 천 배 더 인간미가 있다는 것에 이의를 달 사람은 없을 것이다. 뿐만 아니라 에어컨이 돌아가는 방보다는 모기장을 치고 선풍기를 낮게 돌리는 방이 훨씬 사람 사는 맛이 깊다. 현대인들은 수월하고 편리한 것에, 쌈박하고 화끈한 것에 홀려 사느라 기계 의존도가 높아졌다. 진화가 아닌 퇴화가 되고 있다는 생각이다. 최소한 생명의 자생력만큼은 잃지 말아야 할 터인데…….

이 더위에 시원한 냉수 같은 부채 바람을 임을 향해 부쳐주는 사람, 시원한 부채 바람 같은 사람 하나 만나고 싶어라.

브라보콘

산전수전山戰水戰이 아닌 산전수전山前水前이라고 부채에 글을 새겨 넣고 다다다다 자동으로 흔들어대고 있다.

얼마 전까진 줄기찬 비와 먹구름 아래에서 해야 어여 활활 타오르거라 비나리를 바쳤었는데 막상 열대야까지 경험하고 나니 딱 죽겠는 심정이다. 그렇다고 이 쨍쨍 여름날 함박눈을 내려달라고 기도할 수도 없지 않은가. 아, 어찌 견딜 것인가, 어찌.

웃통을 벗어젖힌 내 '껍닥'을 보고 속으로는 좋으면서(?) 기겁을 하며 고개를 돌리는 이들이 있다. 그러니까 누가 연락도 없이 불쑥 들어오래? 나보다 더 기본이 없는 사람들이 말이야.

그건 그렇다 치고 앞서 '껍닥'이 무슨 말이냐고요? 우리 몸에는 '닥'으로 끝나는 다섯 가지가 있답니다요. 손바닥, 발바닥, 혓바닥, 낯바닥, 그리고 끝으로 '껍닥'이라고, 전라도 사람들이 껍데기를, 사람 살가죽을 그렇게 부른대요. 전라도 사람 아니면 못 맞추는 문제지요.

벗어 버릇하니 양말도 더는 못 신겠고 달랑 걸치면 되는 웃옷도 집에서는 걸치고 싶지가 않다. 대문을 걸어 잠그고 그렇게 살면 될 텐데 무어 걱정이냐 하시겠으나, 우리 집 발발이 추가 지난 장마통에 새끼를 다섯 마리나 낳았지 뭔가. 추의 남편 되시는 텃골 힐끔이 씨께옵서 자식들이 얼마나 컸는지 자주 내방을 하시는 관계로 대문은 항시 열어두어야 한다. 무정하게 아버지 모르는 강아지를 만들 수는 없는 일 아닌가,

추가 컹컹 짓기에 텃골 힐끔이가 또 온 줄 알았다. 개가 아니다. 자전거를 탄 정운이로구나.

"정운아, 돈줄 테니깐 브라보콘 좀 사와라."

"더운디요."

"그랑게 사오라 않으냐. 시원하게 브라보콘이나 묵자."

"싫은디요."

"짜식이 말 안 들어?"

어르고 달래고 해서 정운이를 학교 점방에 보내놓고 드러

누워 얼음과자를 기다렸다. 그런데 이놈이 당최 오지를 않는다. 십 분, 삼십 분, 어라 한 시간? 세상에 돈 이천 원 가지고 튀어? 그걸로 인간관계 끊자고? 아니다. 이거 보통 일이 아니다. 가다 오다 사고가 난 건 아닐까? 속에서 연기가 올라오고 화재신고 직전, 좌우간 불조심을 해야 한다. 자나 깨나 불조심이다. 이놈 오기만 해봐라. 이노옴!

한 시간이 넘고 두 시간이 되어갈 차 정운이가 나타났다. 땀 뻘뻘 흘리고 대문 안으로 들어와 검정 봉다리를 건네는 거였다.

"얌마, 너 왜 늦었어?"

"브라보콘 사오라고 그러셨잖아요. 학교 점방이랑 구판장엔 브라보콘이 없어서요."

"그럼 어디까지 갔냐?"

"읍에 갔죠, 뭐."

아이고야. 그냥 얼음과자 사오라는 말이었는데 기어 브라보콘 상표를 단, 오리지널 브라보콘을 사오라는 말로 알아들은 거다. 세상에나 이렇게 순수할 수가. 자전거 불이 나게 몰아도 한 시간은 족히 걸릴 거리를 어찌 다녀왔니, 요 녀석아.

내가 말을 잘못했지 잘못했어. 이런 우직스러움이라니. 농민의 아들답지 않은가. 알밤을 줄까 칭찬을 줄까. 속 태운 걸로 생각하면 알밤뿐인가.

땀 밴 웃통을 벗게 하고 등목을 시켜주었다. 그사이 냉동실에서 제 모양을 다시 갖춘 브라보콘, 얼음과자 냠냠냠! 더위가 잠시 물러간 듯싶다.

"에끼 모지리!"

"뭐가 모지리예요. 목사님이 그렇게 시켜가꼬는."

"에라 자슥아, 척하면 엥 하고 알아 묵어야지 아무것이나 사오믄 되재."

"브라보콘 사오라고 그러셨잖아요."

"그래 알았다 알았어, 네 똥 굵다 그래."

상사화

봄씨네가 이사를 나간 뒤
황량하던 내 집 귀퉁이에
새로 세든 여자는 반편이 불구로
안쓰럽구나, 과부를 돌보라 했던가
자주 마당에 나가 대굴거린다

가을이 수렴청정을 하고 있는 여름 끝자리. 상사화가, 연한 자홍빛 상사화가, 잎사귀 없이 반편이 불구인 상사화가 저기 저 익은 흙을 열고 외롭게 올라왔다. 누에늙은이처럼 휘늘어진 땅을 헤집고 가느다란 꽃대 하나로 올라와 상사병 든 어혈 진 얼굴로 고개 떨구다가 소낙비에 젖어 사위는 꽃불이렷다, 상사화는.

금실지락의 풀꽃 쌍쌍들이 저렇게도 많은데 그 속에서 너 불너불 바람 타고 꽃대 홀로 흔들리기가 얼마나 마음이 안 좋으랴. 더러 사박스러운 날것들이 놀리기도 할 것이고 주장 야단 절기라 사나운 팔자 다 드러내놓고 있기가 민망스럽기 짝이 없을 것이다. 곁에 종종 찾아가 보아주련, 마음은 진작 세웠건만 소홀함이 많았던 그간이었다.

먹여주고 재워줄 테니 동행만 하면 된다고 하도 조르는 통에 못 이기는 척 보길도에 들어갔었다. 얌전한 고양이가 부뚜막에 먼저 올라가다는 속담은 나를 두고 한 말일 것이다. 하룻밤 잠깐 묵고 오겠다는 것이 사흘 내내 바닷물에 둥둥 떠다니며 그만 나와서 요기 좀 하라는 소리를 수십 번도 넘게 들었다. 집에 돌아와서는 허기가 지고 오만 근육이 다 쑤셔서 방 안에 틀어박혀 밥과 김치로 연명하며 두문불출이 또 며칠이었다. 상사화가 한창일 때는 일이 있어 한 주간을 온이 서울에서 지냈다. 그사이 앞뜰 상사화가 여럿 허물어지고 없었다.

상사화야! 내가 무심했구나. 그렇다고 그렇게 바삐 져불기냐? 많이 섭섭했던 게다. 그래도 요 며칠은 이렇게 자주 보아주지 않느냐. 산책 때마다 너에게 찾아와 이렇게 쪼그려 앉아서 말이다.

"여름은 가도 좋으리, 푸른 바다 파도는 남아 아름다운 추억을 노래하겠지. 겨울은 가도 좋으리, 하루하루 지내다 보면 잊으려다 차라리 생각하겠지. 세월은 지나가도 좋으리. 행복하던 시절은 남아, 가고 오는 날들을 기다리겠지."

아마 이정선 아저씨가 불렀던 노래일 게다. 〈세월이 가듯〉이란 노래를 웅얼거려본다. 상사화는 누구를 그렇게 잊지 못하는 걸까. '잊으려다 차라리 생각하는' 상사화는…….

다가오는 칠월칠석, 견우와 직녀가 일 년에 한 번 오작교를 건너 뜨겁게 얼싸안는 날, 그렇게 남과 북 모든 동포들이 어루얼싸 만나야 할 날, 그날은 남녘교회 생일이기도 하다.

우리 교회는 칠석날을 창립기념일로 지키고 있다. 겨레가 하나 되는 노정에 남녘교회는 작은 오작교이고 싶은 것이렷다. 창립 일주년 때부터 해마다 노래 손님과 말씀 손님을 모시고 조촐한 잔치를 벌이고 있다. 스님도 오시고 신부님도 오시고 공사판 일꾼도 오시고 밭 매던 할매도 흙 털고 오신다. 작년 칠석에는 지금은 북으로 올라가 살고 계시는 장기수 할아버지들을 특별 손님으로, 이현주 목사님을 말씀 손님으로 모셨다. 올해 칠석에는 〈이등병의 편지〉를 만들고 부른 김현성 형을 노래 손님으로, 무주에서 농사를 배우며 글을 쓰고 있는 천주교인 한상봉 형을 말씀 손님으로 모시게 되었다. 소리로, 멋들어진 춤으로 남도의 벗들은 우리 국악의 멋을 한껏 뽐낼 것이다. 동네 분들도 교회에서 내는 동동주 맛을 보려고 찾아오실 것이다. 멀리 사는 시인 벗들은 시 하나씩 챙겨 들고 남행열차를 탈 것이다. 올해도 목이 쉬든 말든 어깨동무하고 고래고래 노래를 부르리라.

"이별은 끝나야 한다…… 우리는 만나야 한다……."

"나팔 소리 고요하게 밤하늘에 퍼지면 이등병의 편지 한 장 고이 접어 보내오."

상사화인 우리는 그렇게 상사병에 휘청거릴 것이다. 마침내 열렬한 절대의 사랑을 만나게 된다면, 우리 모두 그렇게 빛의 사람, 사랑의 화신으로 바뀐다면 엇갈려 올라오는 잎과 꽃대의 슬픈 상사화의 전설도 그날로 종지부를 찍게 되겠지? 헤어질 수 없는 한 덩어리가 되겠지?

무화과나무

수력발전소만 좋은 일 났어. 징상스럽던 비바람이었다. 이틀까지는 깍듯이 '비님'이었으나 사나흘부터는 '비놈'이라고 미워하지 않을 수 없었던 이번 비였다. 도리 없는 장마 심술이라면 이해하라도 하겠다. 수확철을 앞두고 내리는 비는 하다못해 '미운 정'도 가지 않는다. 비는 죄 많은 지상의 영혼들을 위하여 신이 손수 끼얹는 세례수인지도 모른다. 그러나 그도 하루이틀이어야지 날이면 날마다이어서야 어디…….

오늘은 모처럼 징청하게 맑은 하늘이구나. 새들도 반가워 새벽부터 시시덕거리고 버드나무 잎마다 여기가 어디 라스베이거스인가 반짝반짝. 살갗에 닿는 바람이 제법 아쓱하여 긴

소매 옷을 찾아 입었다. 이부자리를 개서 벽장에 쟁이고는 운동 삼아 영화《언더그라운드》에 깔렸던 유고의 전통 춤곡 '초쳇'에 맞추어 한바탕 막춤을 추어댔다. 일도 글도 대충 얼러치고 남은 시간 얼싸절싸 놀고만 싶구나.

그러나 비바람의 뒤끝이라 문 밖은 온통 내 손길을 기다리며 언제 밖에 나오시나 까치발이렷다. 돌절구 안에 옮겨 심었던 수련과 부레옥잠은 빗물에 잠겨 서둘러 손을 써야겠고 꽃마당은 쇠비름만 말고 죄다 피사의 사탑이다. 쓰러진 건 고사하고 더러 찢기고 꺾인 꽃나무도 보인다. 곁에 버팀목 작대기를 대고 잘 묶어주었더라면 이런 불상사는 없었을 텐데, 내 불찰이 크고도 깊구나. 조춤조춤 다가가 찢기고 쓰러진 꽃대를 거두어주었다. 바람의 길이 그러하였는지 한 방향으로 같이 쓰러진 꽃나무들. 바람의 길을 따라 저들도 걷고 싶었을까. 길동무가 있어 먼 길 외롭진 않겠구나.

아, 이러고 있을 때가 아니지. 나는 곧바로 무화과나무에게로 걸어갔다. 지난번 동네 아이들이 무화과나무에 올라가 "이거 찜해놨으니까 따드심 절대 안돼요?" 하며 돌아가며 침을 발라놓던 무화과. 형 누나 따라서 해빈이는 아예 나무 밑동에다 오줌까지 누어 영역 표시까지 마쳐놓았던 무화과.

다행히 잎 몇 장 뜯긴 상처 말고는 떨어진 열매도 별로 없고 알알이 탐스럽게 여물어가는 중이다. 낼모레면 따 먹어도 될 것 같은 무화과를 나 또한 침 꼴깍이며 바라본다.

과일 나무 덕분에 나눌 수 있는 무엇이 있어 여간 든든한 게 아니다. 얻어만 먹는 일은 아무래도 죄송하다. 형편이 어려운 교회인지라 무보수 목사로 벌써 몇 해째인가. 하지만 교인들 자존심은 지켜드리기 위해 한 되 두 되 모아주시는 성미(쌀)는 고맙게 받고 있다. 생활보호를 받고 있는 분들도 성미라고 빠지지 않고 내신다. 내 논에서 거두는 유기농 쌀도 있지만, 나는 성미로만 밥을 지어 먹고 살고 있다. 반찬이라고는 짠지 하나 놓고 드시는 분들의 정성으로 살고 있는 내 밥상은 그렇다면 어떤가? 끼니때마다 반찬이 세 가지 이상은 된다는 게 부끄럽다. 낯짝은 그래도 있어가지고 노력을 해보기는 하지만 그저 시늉일 뿐, 교인보다 잘사는 목사라는 게 느껴질 때마다 창피하여 고개를 들 수가 없다.

그나마 나에게 송구스러움을 씻고 빚을 갚을 기회가 있어 다행이다. 무화과를 따서 나눠 먹는 일이 그렇다. 따지고 보면 내가 벌어서 주는 게 아니라 나무가 수고한 것을 빌려서 생색을 내는 것이지만 말이다.

언젠가 마당에 평상을 놓고 앉아서 책을 읽다가 이런 구절을 만나 뜨거웠다.

"어디서 그 많은 영감을 얻으시죠?"

어떤 사람이 화가 마티스에게 물었다.

여든이 넘은 나이에도 여전히 열정적으로 그림을 그리던

마티스는 이렇게 대답했다.

"난 뜰에 엉겅퀴를 키우고 있거든요."

나는 서둘러 펜을 찾아 여백에다 이런 글을 남겼다.

"그렇다면 내 뜰엔 무화과나무가 있거든요."

무화과나무는 나에게 영감을 줄 뿐만 아니라 피자며 햄버거를 모르는 시골 아이들에게 푸진 단맛을 제공해주는 고마운 과실나무다. 이가 없어도 물렁거리는 무화과를 호물호물 잘도 드시는 할머니들을 뵐 때면 그 얼마나 흐뭇하던가. 그래서 예수님도 무화과나무에 집착하셨던 것이 맞아.

뭇 꽃들마냥 겉치장에 관심하지 않고 속으로 가득 차서 지고지순 달큼한 열매를 내놓는 무화과를 내 한 생애를 두고 닮아가고 싶구나.

어우렁 더우렁

나무를 심는 사람

광주 다녀오는 길에 나주 길가에 선 오일장터에서 잠시 멈췄다. 장날에만 찾아오는지 길가에 어린 묘목을 놓고 파는 노점이 보였다. 거기 화사한 꽃나무들이 새 주인을 기다리고 있었다. 오래전부터 나는 아래 마당 공터에 라일락 나무를 심고 싶었다.

꽃숭어리가 옹송거리는 어린 라일락나무 한 그루를 찾았다.

"비도 오고 항게 장사도 안 되고, 그냥 오천 원만 주고 가져가쑈. 라일락은 꽃냄새가 쥑인당게요."

주인은 이렇게 떠들면서 거저 주는 거나 마찬가지라고 몇 번씩 말했다.

진한 꽃향기며 야무지게 뿌리를 내린 생김새가 첫눈에 들었다. 싣고 오는 길 내내 라일락 꽃향기가 진동했다.

강진에 닿을 때쯤 보슬비는 장대비가 되었다. 땅에 뿌리를 내릴 나무에게는 잘된 일이다. 빗속에서 우산을 쓰고 둥글게 땅을 파고 짚을 가져와 거름 삼아 넣고 그 가운데 나무를 세웠다. 서둘러 나무를 심다가 그만 실수로 꺾인 꽃 한 송이는 복이란 한자가 또렷이 새겨진 사기그릇 위에 물을 채워 둥둥 띄웠다. 내 방 찻상 위에 놓고 라일락 꽃내음을 기다렸다. 방에 있을 땐 몰랐는데 밖에 나갔다 들어오니 방 안 가득 꽃내음이 아르아르했다.

올봄에 나는 이밖에도 여러 그루의 나무를 심었다.

은행나무, 살구나무, 백목련나무, 소나무, 주목 그리고 오늘 수수꽃다리 라일락나무까지.

해마다 이렇게 나무를 심으면 우리 교회는 머지않아 숲이 될 것이다. 미야자키 하야오의 귀염둥이 산신령 '이웃집 토토로'도 살게 될지 모른다. 프레드릭 백의 수염노인 '나무를 심는 사람'이 내게 수고했다면서 악수를 건넬지도 모른다. 푸른 숲 곁으로 흘러가는 싱싱한 뒷개울은 마침내 '위대한 강'에 닿으리라.

수풀 우거진 사원으로 새떼와 꽃과 나비와 벌이 찾아들 것이다. 또한 따뜻한 가지와 수풀은 아이들과 주민들까지 끌어안을 것이고 사랑에 빠진 연인들은 꽃내음을 맡다가 어깨를 기댈 것이다.

그대는 올해 몇 그루의 나무를 심었는가?

나무토막이나 종이를 미리 가져다 쓴 그대는 올해 몇 그루의 빚을 갚았는가?

고마운 벌침

산밭에 다녀오는 길에 갈증이 심해 조씨 할머니 집에 들러 물 한 바가지 얻어 마셨다.

"여그 일 조깐 봐주시고 가시믄 좋겄는디."

할머니는 나를 정지(부엌살림터)로 이끄셨다. 하얀 연탄재가 수북이 쌓여 있었다. 지난겨울 연탄보일러를 돌리면서 연탄재 버리는 일을 곧바로 하지 않으셨던가보다. 그도 그럴 것이 손목 굵기가 꼭 젓가락 만큼인 할머니에게 연탄재를 버리는 일은 만만한 노동이 아니었으리라. 한참 연탄재를 마당밭 귀퉁이로 옮기는 중이었다. 무엇이 머리를 향해 돌진해 오더니 찌릇 찌르릇 전기에 감전된 것처럼 곡이 떨리고 동시에 통증이 머리 전체에 욱씬 찾아왔다.

벌이었다. 엄지손톱만큼 큰 말벌이었다. 아이들 말로 벌이 나를 한 방 '봐버린' 것이었다. 내가 저에게 무슨 잘못을 지었다고, 제 집을 건드린 것도 아니었는데…….

벌침이 머리통에 직격으로 꽂힌 순간부터 등에 식은땀이 흐르고 앞이 캄캄하고 정신이 몽롱해졌다. 쇼크가 찾아온 거다. 땅바닥에 털버덕 주저앉아 간신히 정신을 추스르고는 냅다 집으로 달리기 시작했다. 할머니 목소리가 멀리서 희미하게 들렸다.

"일 다 안 끝났는디 그냥 가셔불라요?"

차를 꺼내어 비상등을 켜고는 머리를 부여잡고 병원 응급실로 향했다. 평소 알고 지내는 의사선생님에게 사정을 알리라고 간호사에게 부탁하고 병원 의자에 털버덕 드러누웠다. 주사를 한 대 맞았더니 가쁘던 숨이 고르게 잦아들면서 살 것 같은 희망이 보였다. 엄살이 너무 심했나? 암튼 이후 얼굴은 나도 몰라보게 퉁퉁 부어올랐다. '엘리펀트 맨'이 된 것 같았다. 그런 상태로 며칠 동안 얼음찜질이다 뭐다 고생을 된통 했다.

오늘 아침 드디어 부기가 다 빠지고 얼굴도 정상으로 돌아왔다. 아직까지 독기가 다 안 풀렸나 무척 가렵기는 하지만서두.

평소 편두통이 있고 원기가 부족해서인지 수면 시간이 길어지고 뼈마디와 근육이 쑤시곤 했는데 벌에 쏘이고 나서는 이런 증상이 거짓말처럼 죄다 사라져버렸다. 주사를 맞지만 않았어도 무병장수할 기운을 얻었을지도 모른다. 벌에 쏘여 죽지만 않으면 큰 보약이 된다더니 참말 그 증거를 내가 직접 보게 된 셈이다. 고마운 벌침. 가난한 시골 교회 목사에게 보약은 꿈도 못 꾸는 이야기지. 하여 하느님이 친히 귀한 보약을 내려주신 게야. 내게 일어나는 모든 일은 다만 내 영혼에겐 좋은 일일 뿐. 심지어 불운한 일까지도.

떡방앗간

귀한 손님을 모시게 되어 먹을거리들을 장만했다. 바다 건너 먼 나라에서 오시는 외국분이니만큼 우리나라 고유의 떡을 맛보여드리고 싶었다. 봄날 독특한 맛이 담긴 쑥떡은 어떨까? 어머니랑 읍내 시장 귀퉁이에 있는 오복 떡방아간을 찾았다. 춘분 즈음에 캤던 어린 쑥도 한 봉지 담아 들고.

따끈따끈한 쑥떡을 알맞게 썰어 서너 개 집어 먹을 생각을 하니 입에 군침부터 돌았다. 찹쌀을 빻는 사이 평상에 앉아 있었는데, 고양이 한 마리가 비척거리면서 내게 다가왔다. 고양이는 앞발 하나가 심하게 구부러져 있었다. 자꾸 못 쓰게 된 앞발을 혀로 핥아댔다. 이미 발은 뒤틀린 채 굳어버려 불구가 된 상태였다. 주인아주머니에게 물었다.

"고양이가 왜 저렇게 되었데요?"

아주머니는 “나비야! 우리 나비야.” 하며 고양이를 다정하게 불렀다.

“기계에 끼어가꼬 다쳐부렀다요. 주인 잘못 만나가꼬 팔자 한번 기구하게 되었당게라우.”

아주머니는 몹시 안타까워하셨다.

“새끼 때부터 키운 고양이라 정이 담뿍 들었당게요. 생긴 건 저래도 쥐를 월매나 잘 잡는지 몰른당게라. 쥐 잡는 참피온이라요 참피온!”

떡방아간에서 살아가는 고양이에게 방앗간 기계 구조물들은 무서운 덫일 것이다. 우리 어렸을 적 동네마다 있었던 방앗간에서 한 번쯤 다치지 않은 주인은 없었다. 방앗간 주인들치고 손가락 한 마디 안 잘려나간 분이 드물었다. 요즘은 어느 기계든지 발전을 거듭하고 있지만 제과점 빵 때문에 손님이 부쩍 줄어든 떡방아간이야 예전이나 지금이나 기계 수준은 별반 변하지 않고 그대로다.

발을 못 쓰게 되었지만 주인의 곁에 다정히 쪼그려 누운 고양이를 한참 바라보았다. 고양이의 다친 발처럼 떡방아간도 수없이 늘어나는 제과점 때문에 불구가 된 상태다. 그러나 그 못 쓰게 된 한 발을 아프게 핥으며 나머지 앞발로 힘겹게 걸어가는 고양이처럼, 주인네 곁을 떠나지 않고 떡방아간을 쥐떼로부터 지키며 충성을 다하는 고양이처럼, 우리 겨레 곁에 아직 남아 있는 떡방아간을 둘러본다. 떡방아간의 풍경을 오래도록 눈에 담아둔다. 나나 우리 부모님 세대가 떠나고 나면 떡방아간은 어찌 될까.

"쑥떡 색깔 한 번 잘 나와부렀네."

김이 모락모락 올라오는 떡판을 들여다보며 아주머니가 흡족해하신다.

"맛이 으짱가 한 번 봅시다, 거시기."

고양이가 쥐에게 달려들 듯 나는 떡판을 향해 냅다 달려들었다.

등목

남편과 아내가 모두 집사일 때 교회에서는 보통 '쌍집사'라는 우스갯소리로 부른다. 우리 교회 대표선수 격인 쌍집사 최씨 내외는 남의 속 뒤집자고 작정하며 사는 인간들인지 항시 찰떡맹크롬 달라붙어 예배당에 다닌다. 두 사람은 한술 더 떠 성경책 한 권에 찬송가 한 권만 장만하여 정답게 나눠 보면서 예배를 드린다. 모르는 사람이 잉꼬니 원앙이니 들먹이며 칭송을 했다가는 교우들한테 좋은 소리 얻어들을 일이 없다. 교인이라고 혼자 사시는 할머니들이 거개요, 간신히 제 한 몸 빠져나오기도 고생스러운 짝 없는 '홀로 교인'이 나머지를 차지하고 앉아 있는 마당에 이 무슨 낯 뜨거운 부부애란 말인가. 다들 흘겨보는 눈이 저리 많은데 눈치도 머시기도 없고 말이다.

엊그제 중복날 동네 한 바퀴를 돌고 돌담을 돌아오다 빠끔히 열린 대문 너머로 더욱 가관인 광경 하나를 목격했으니 최씨 내외의 금실이 하늘을 찌르고 있음을 새삼 느끼지 않을 수 없었다.

최씨는 엎드려 뻗쳐!를 하고 있었다. 그리고 그 뒤에는 늙은 부인이 영화《거짓말》에서처럼 몽둥이를 들고 서 있는 것이 아닌가! 휴우, 그러나 아니었다. 바가지에 물을 한 바가지 퍼 담아 치켜들고 등에 주르르 끼얹으면서 연방 희희낙락이었다.

"땟국물이 징허게 많네이?"

"싸아쌀 문대. 아프구마."

"뭔 엄살은 엄살? 가만 쪼깐 있으랑게라."

'에고, 아예 영화를 찍어라 찍어!'

입에서 욱 하고 솟아오르는 말을 억지로 구겨 넣느라 이빨이 다 으스러질 뻔했다.

'으이그 닭살! 어여 나도 집에 가서 엄니헌테라도 등목해주라 캐야 쓰겄다' 하고서, 휭 돌아 집으로 바삐 걸어오는데 담을 넘어 멀리까지 그네들 웃음소리가 퍼져 나가고 있었다. 이제는 교인들도 부족해 동네 사람들 속까지 다 뒤집어놓을 심사인가?

마늘

마늘걷이가 한창인 요즘 동네는 온통 마늘냄새로 진동한다. 마늘이 매운 까닭은 가을에 땅속으로 들어가 꽁꽁 언 겨울을 나기 때문이리라. 마늘처럼 매운 사람들, 겨울을 이겨낸 사람들, 우리 조선 사람들은 그렇게 야무지고 다부진 겨레다.

북서풍에 밀려드는 생선 비린내도 마늘 수확 철에는 뒤로 멀찍이 물러나고 만다. 강진, 장흥, 해남, 완도 마늘밭마다 뚝뚝 빗방울이 떨어져도 머리에 수건을 두르고 일을 나온 아낙들, 물보라 바라보며 땀을 식히면서 똥금 마늘을 애지중지 종이상자에 담는다.

"세안(겨울)에 따붓시롭게(따뜻이) 살았응게 인자는 손발꼬락 수선시롭게 놀래야지라."

삶이란 무엇인가? 북미 인디언들은 이렇게 말한다.

"삶은 어둠 속에서 은은하게 반짝이는 반딧불이다. 뽀얗게 서렸다가 겨울 찬바람에 이내 흩어지는 들소의 가쁜 입김이며 풀밭을 달리다가 해거름에 사라지는 작은 그림자다."

들소의 입김처럼 식식거리면서 청솔 언덕 뒤편 마늘밭을 일구는 이들, 범벅 땀 흘리면서 진분홍 분꽃 바라보며 한번쯤 허리도 펴고. 강물 건널 때 무거운 짐을 져야 급류에 휩쓸려 떠내려가지 않듯이 마늘밭이 인생의 무거운 짐으로 보여도 마늘 맛 없는 기쁨, 마늘 맛 없는 밥상을 생각할 수 없어라.

이랴자랴 소가 갈아놓은 둑대기밭. 입춘대길 객토하고 마늘밭 굵은 마늘 수확하면서 지난겨울 가난한 베갯머리 눈물들이야 모두 날려버렸다. 야생고양이 발자국 선명하던 겨울 하루는 지푸라기로 덮어놓은 마늘밭에서 새끼 고양이가 배고파 울기도 했다. 그 고양이도 지금은 훌쩍 커서 뒷산 어디에 둥지를 틀고 재미나게 살아가고 있겠지.

“새참들 자시고 허셔요.”

어디서 반가운 소리 들리면 모두 모여 술도 걸치고 잔치국수도 후루룩 쩝쩝, 묵은 김치는 왜 이렇게 달다냐. 별의별 이야기들 와그르르 꺼내 놓으신다. 집에 가면 볍씨에 씨감자, 들깨와 콩과 팥과 녹두와 고추 모종, 토마토 모종, 고구마까지 온통 희망들이 씨가 되어 단잠을 잔다. 이제 마늘이 그 차례. 모두 팔아도 씨 마늘은 따로 챙긴다. 여기 씨 마늘 같은 사람들, 봄비 걷히고 넘실거리는 햇살 아래에서 마늘처럼 새하얀 이빨로 씨이익 웃어본다. 요새 들어 처음 웃어보는 그런 표정들이다.

산봉우리

제철을 맞은 국화가 옹근 잎을 세우는 건너편, 그 많던 해바라기는 검은 씨앗으로 저물어 후두두두 하강이다.

어제는 처음으로 선풍기 한 번 돌리지 않고 낮때를 보냈다. 입추 지나고 처서도 지나고 칠석날, 돌멩이와 땅뙈기를 식힐 칠석 비는 내리지 않았으나 한결 서늘해진 가을바람이 불어주었다. 처서 지나고 나니 한낮의 볕 마당이 시시하고 만만해 보인다. 그리하여 살살 바깥세상으로 발을 내디뎌보는 것이다.

포도송이를 봉지에 담아 들고 신애 할머니 집을 찾았다. 지지난주 신애가 내려왔다는 소식은 동네 소식통 수다쟁이 교인들은 통해 진작 접수된 바다. 고 가스나 얼마나 컸을까, 가보려 했던 것이 잔치다, 손님이다, 바쁜 일통으로 차일피일 미뤄둔 게 오늘에 이르렀다.

일요일 아침 교회에 데리고 나올 줄 알았는데 신애 할머니는 보이지 않았다. 무슨 일이 있으신가? 또 허리께가 아프신가? 별일이야 있겠는가. 신애 때문이겠지. 세 살짜리 성질 사나운 아가씨를 데리고 교회 나오기가 쉽지 않으시겠지.

신애 할머니는, 해빈이 표현대로라면 등에 혹이 달린 낙타 할머니다. 나는 다른 교회 목사님들처럼 교인들을 집사님이네, 권사님이네, 형제님이네, 자매님이네, 이렇게 부르지 않는다. 그렇게 부르는 게 되게 이상하고 어색하고 유치하게까지 여겨진다. 누구 할머니 누구 할아버지 누구 어머니 아무개 씨 이렇게 이름으로 부르는 게 편하고 다정하고 좋다. 그러나 교인들 사이에서는 교회에서 얻은 봉사직의 직책 이름이 무슨 대단한 벼슬이나 되는 줄 아시는가 어떻게 해서든 챙겨 부르려 애를 쓰는 모습이다. 다들 그렇게 부르든 말든인데 신애 할머니 최 집사님만큼은 교인들이 '집사님'이라고 '님'자를 강조하여 부르는 것이 참 괜찮게 여겨진다. 그렇게 부르지 않는다면 입버릇이 되었을 꼽추 할매라는 말이 언제 튀어나올지 모르기 때문이다.

신애 엄마는 아이를 낳자마자 이곳 시골 외할머니한테 맡기고 자기 일을 보고 살았다. 할머니는 아기를 유모차에 태우고 이리저리 마실을 다녔다. 유모차가 할머니 키에 육박했다. 그래서인가 할머니는 땀을 뻘뻘 흘리며 유모차를 밀었다. 언덕배기를 오를 때는 하느님이 시원한 서늘바람으로 할머니 이마에 땀을 식혀주었다.

"우와! 우리 신애 몰라보겄네?"

신애를 번쩍 들어 껴안았다. 몽창하게 살이 붙은 신애, 엄마 곁이 좋긴 좋은가 봐.

"엄마가 다시 놓아두고 간 건 아니죠?"

"요새 겁나게 바쁘닥 안 하요? 다음 날 되어야 데려갈 모양인디 되어봐야 알제 몰르겄소. 아따 요거이 컸다고 내가 못해보겄구만이라우. 주일날 교회도 못 나갔당게요. 집 밖에만 나가믄 감당을 못 하겄어라우. 어쯔게나 날랭가. 달구 새끼나 속없는 소양치(송아지) 새끼도 저것보다는 점잖을 것이요."

그래도 할머니는 돌이 넘도록 키운 정이 있어 외손녀 신애가 더 없이 반가운 모양이었다.

신애는 내 품에서 나를 찬찬히 훑어보다가 울상을 지었다.

금방 앙앙앙 울 태세로 찡그린 얼굴. 아이고 어떻게 조처를 취해야겠군.

"신애야, 요거 먹어볼래?"

내 그럴 줄 알고 까까를 미리 준비했다 아닌가. 호주머니에서 알사탕을 꺼내 씹어서 두 동강을 내어 입에 물려주었다. 울상을 뚝 거두고 까르르르 웃으면서 알사탕을 깨문다. 그걸 보고 할머니도 웃고 나도 웃고.

동네까지 따라온 우리 집 개 추와 빠삐녀를 본 신애는 개를 향해 돌진하다가 그만 넘어졌다. 신애가 흙바닥에 누워 울자 할머니는 신애를 일으켜 흙을 털어주고는 샘에 가서 손을 씻기고, 나는 "이놈들 집에 얼른 안 갈래?" 하며 개를 쫓은 뒤 대문을 닫고 돌아서는데…….

아! 샘에 쪼그려 신애를 씻겨주는 할머니를 보았다.
아! 할머니 뾰족 등이 작은 산봉우리처럼 보였다.
아니 그건 분명 산이었다.
멀리 만덕산과 겹쳐진 아주 작은 산봉우리였다.
그 작은 몸으로 낳은 딸이 또 딸을 낳아
아! 이렇게 산맥을 이루었구나.
세월의 산맥을 이루었구나.
아빠도 없이 자라는 가엾은 외손주를 씻기는 꼽추 할머니.
낮은 언덕처럼 친근한 우리 집 뒷동산 같은
작은 산봉우리를 등에 이고 계시는 할머니.

김민기 아저씨의 노래 〈봉우리〉가 은은히 흐르는 오솔길을 따라 오늘 나는 저 꼽추 할머니 산봉우리를 만나러 온 거였구나.

친구여! 우리가 오늘 봉우리는 바로 지금 여긴지도 몰라.
우리 땀 흘리며 가는 여기 숲 속의 좁게 난 길.
높은 곳엔 봉우리는 없는지도 몰라.
그래 친구여! 바로 여긴지도 몰라, 우리가 오를 봉우리는.

"목사님! 진지 자시고 가셔야 쓰요이?"

"집에 가서 먹을랍니다."

"아따메 왜 그라시까이. 우리 집 묵은지 김치가 겁나 맛난단 말이오."

"그라믄 한 포기 싸주세요. 집에 가서 묵을랑게. 점심 때 손님 올랑가도 몰르고요."

"쪼깨만 기다리시쑈이. 베락(벼락)같이 한 포기 꺼낼 텡게."

할머니가 부엌으로 사라지자 신애가 할머니 없어졌다고 다시 울어댄다. 이 가시내, 완전 울보도구나. 내가 끌어안고 얼러도 좀체 그치질 않는다.

문득 그런 생각이 들었다. 신애가 자라서 사춘기 소녀가 되어도 이렇게 할머니를 좋아할 수 있을까. 우리 외할머니 어딨냐고 서럽게 울까. 저 뾰족 등까지 한 아름 끌어안고 우리 할머니 사랑하는 우리 할머니 그럴까.

신애야! 그래야 한다. 알았지? 요 귀여운 것, 신애야. 볼따구니에 까칠한 턱을 문질렀더니 이제는 대성통곡이다. 으아아앙.

창호지

새벽녘 살갗에 닿는 바람이 서늘함도 모자라 싸늘하기조차 하다. 얇은 이불은 아쉬워 아랫목에 묻어둔 따순 밥그릇 같은 여섯 살짜리 해빈의 새근거리는 콧김에 미지근히 스며들던 한기를 진정시킬 수 있다.

염소자리, 물병자리, 물고기자리…… 가을철 별자리가 아직 다 제자리를 찾은 건 아니다. 그러나 호들갑이 아니라 이곳 구강포 남해안은 처서가 지나자 곧바로 무더위가 온데간데없다. 날것들을 부르고 또 좁은 방을 후끈거리게 한다 하여 꺼두는 일이 잦았던 내 방의 백열등 알전구, 이제는 자주 켜두는 편이다. 그 사늑한 빛살에 젖어 간만에 찾아온 시를 받아 적고, 벗들에게 걸려온 전화를 다감히 받고, 모처럼 찾아온 이웃사촌들과 소소한 정담을 나누는 내 방. 이 방의 조명은 싯누런 백열등이 맡고 있다. 형편에 따라 잠시 소원했다면 했을 뿐, 미련 없이 절교할 상대는 이 세상 어디에도 없는 법. 다시 인연의 고삐를 조이게 된 알전구 아래에서 소원하게 지냈다 싶은 다른 인연들의 근황까지도 내친김에 둘러보는 중이다.

그렇다면 두말할 것 없이 창호지를 꼽고 싶구나. 차일피일 미루다가 며칠 전에야 창호지를 사 들고 와서 밀가루로 풀을 쑤고 살문에 꼼꼼히 발랐다. '조금만 더 참자, 조금만 더' 하면서 뜯기 아까워했던 창호지였는데 끝내 폭서를 견디다 못해 뜯어내고 말았다. 그 자리에 그물 천을 몇 마 떠다가 재단하여 붙인 게 두어 달쯤 되었던가? 이렇게 빨리 계절이 바뀔 줄 알았더라면 기왕 참는 김에 더 참아볼 것을 후회가 없지 않다. 잘게 찢어져 다시 쓸 수 없는 창호지와는 달리 그물 천은 뜯기에 따라 적어도 한 해는 더 쓸 수 있기에 조심조심 걷어냈다. 여름은 그렇게 내 방에서 최종적으로 철수를 마쳤다.

창호지는 빛바랜 듯 툽툽한 색깔이 좋더라. 보통 맑고 새하얀 창호지를 사서들 쓰시는데 처음 한때는 깔끔하여 산뜻해 보여도 금방 때가 타는 흠이 있다.

"이거 말고 누런 창호지 있지요?"

지업사 주인네에게 다른 것을 내놓아보라고 하면 "요새는 깨끗한 거 말고는 안 찾든디, 유벨난 손님이네?" 하면서 어디서 돌돌 말린 폐지 같은 걸 꺼내온다. 누런 창호지는 누런 한지가 발라진 내 방의 분위기와 딱 맞아떨어진다. 더욱이 새하얀 창호지는 구멍이 나서 때올라치면 그곳만 유독 도드라져 보기 싫어진다는 걸 일찍이 경험한 바가 있다. 툽툽한 빛깔의 창호지라고 빛살을 품어 안는 가슴이 없는 게 아니다. 오히려 빛을 한 번 받으면 아껴 거둘 줄 알며 방바닥에 엷은 따스함을 이불처럼 깔면서 가을볕의 분위기를 본때로 보여주는 것이 바로 누런 창호지다. 함량 미달의 근근한 따스함이야말로 가을볕의 진수가 아닌가. 무언가 여리고 부족하고 안타까운 것들은 내 여린 심성을 자극한다. 마당으로, 툇마루로 작열하는 햇살보다는 누런 창호지를 통과한 엷은 햇살이야말로 내 사랑이다.

앞서 구멍이 나면 땜을 한다는 말을 꺼냈으니 하는 소린데, 마을에 적을 두고 살아가는 처지라 수시로 이웃사촌 들락거리고 개구진 아이들의 방문이 잦은 집이다. 그러니 창호문에 구멍이 안 나고 배길 수 있으랴.

사랑방에 어울려 반주 한잔 홀짝이고 돌아오는 먹밤엔 문고리를 딴다고 글쎄 애지중지해쌌던 창호지에 내 손으로 구멍을 내는 실수를 범하기도 한다. 그러나 누런 창호지는 땜을 해도 표가 나지 않는다. 구멍 몇 개 났다고 새로 바르기를 즐겨했다간 창호지 값을 어찌 다 감당한단 말인가. 한술 더 떠

땜을 하는 재미까지 맛본 터다. 운치 있게 댓잎을 붙여보기도 하고 잘 말린 국화를 모양 나게 붙이기도 한다. 그렇게 땜을 해가며 겨울에 이르면 창호문은 다우다(태피터) 천까지 더해져 따로 한파에 대비하지 않아도 두께가 만만치 않게 된다. 한 뼘이라도 아까운 겨울 볕을 창호지만으로 투영해주어서 좋고, 사르륵사르륵 눈을 밟고 걸어오는 손님의 발소리를 들을 수 있어 더더욱 좋다.

때로 쓸쓸함이 깊어 얼굴마다 한정 없이 그리울 때면 음반을 걸어놓고서 툇마루에 나가 앉곤 한다. 그때 창호지는 마치 스피커 몸통을 에두른 검정 천처럼 밀려오는 음표를 감당하느라 온몸으로 들썩거린다. 오늘처럼 하늘이 높고 성미 급한 잎사귀들이 서둘러 떨어지는 날엔 로드 맥퀸의 음반《파스토랄—목가적 삶을 위하여》를 뒤져 그의 텁텁한 목소리로 들어야 제 맛인〈롱 롱 타임〉을 볼륨 높여 들으면 좋겠다. 오래고 오랜 시간, 시골의 한적하고 온유한 삶을 지향하는 목가적인 사람은, 자연을 사랑하고 차를 즐겨 마시는 사람은, 대체로 음악을 좋아하고 음악에 잠기는 일이 잦으리라. 창호지를 뚫고 방으로부터 들려오는 음악을 툇마루에 앉아 듣는 시간은 나에게 그지없는 위안의 시간이요 휴식의 시간이다.

지난주에 내내 우중충 비만 내렸다. 기상 캐스터의 말대로 가을을 재촉하는 비였다.

비바람이 사나워질 즈음, 이태리 가수 안젤로 브란드와르

디의 《모모》 사운드트랙을 꺼내 들었다. 거북이 카시오페아와 함께 천천히 느긋이 가을로 걸어 들어가고 싶어라. 비여, 제발 그쳐다오. 하늘아, 열려라. 밤 별들이 보고 싶어. 제발 올 가을에는 내 마음에 맞는 고운 시 하나 점지해주렴. 순하고 맑은 사람들과 까르르 웃으면서 살게 해주렴.

찾아오는 객들이 묻곤 한다. 이렇게 깜깜 오지에 살고 있으니 외로움이 적지 않겠다고. 그래 글을 쓰나 보다고. 그러면 나는 외로움 때문에 글을 쓰는 건 아니고 그리움 때문에 쓰는 거라며 말장난 같은 말을 내뱉곤 한다. 그런데 그게 정말 정답이다. 참 사람, 참 세상을 사랑하는 일이 글쓰기의 출발이어야 한다고 나는 믿는다.

창호지, 이 얇은 종이 한 장은 나와 세계의 안과 밖이 경계를 이루는 전부다. 두터운 철판도, 바리케이드도, 벽돌담도 아니고 얇은 종이 한 장. 나와 바깥세상을 떼어놓는 게 고작 이 얇은 종이 한 장이라니 얼마나 다행한 일인가. 내 자폐와 은폐의 가벼운 은유여. 내 가난한 이기의 담장이여. 언제고 우리로 휩쓸릴 수 있는 허술한 방어벽이여. 내 도성을 지키는 연약한 병사여.

잠시 읍내 우체국에 다녀왔는데 그사이 내 방 창호 문에 구멍이 하나 뚫려 있는 게 아닌가? 바른 지 며칠이나 되었다고 구멍이란 말인가. 어머니도 멀리 출타하고 안 계시니 아무도 없었을 집을 다녀간 손님. 토방에 놓고 간 정성껏 포장된 선물상자로 보아 복면을 한 도둑(?)은 아닌 게 분명하다. 조그맣게 열린 구멍 속에 눈을 가져다 대 보았다.

낡은 전축과 건너편 창문으로 대숲이 출렁이는 모습이 전부였다. 다행히 구멍을 하나 내었기에 망정이지 다른 쪽도 뚫었다간 바닥에 어지럽게 널린 책이며 음반 껍데기가 들통이 났을 텐데, 휴우!

토방에 빨간 리본을 두른 선물상자가 놓여있었다. 안에는 여러 빛깔의 양초가 가지런히 담겨 있었다. 내가 초를 좋아한다는 걸 어떻게 알았을까? 선물에 약한 사람인지라 창호지에 구멍을 낸 일을 신방을 엿보는 장난 정도로 여기기로 하고, 어흠~ 댓잎을 따다가 그 자리를 땜했다. 차라리 잘되었네. 댓잎을 붙였으면 싶던 바로 그 자리였거든.

오늘밤엔 이름 모를 누군가가 놓고 간 촛불을 켜보게 생겼구나. 촛불을 켜고 앉으면 창호지에 어룽거리는 내 그림자가 배나 키가 커 보일 것이다. 내 육신의 키는 이렇더라도 내 영혼의 키는 제발 그 정도는 컸으면 좋겠어.

빚잔치

실물을 보지 않고 글만 보아서는 내가 무슨 저팔계나 장비 따위의 근육질에다 먹고 마시고 노는 일에만 혼이 빠져있는 식충이 정도로 상상되는 모양이다. 얼굴은 네모 넓적하고 어깨는 떠억 하니 벌어져 있고 온몸에 털이 우레부레 난 데다가 이쑤시개를 노상 물고 다니는 그런 종류로 짐작이 되는 모양이다. 그러나 내가 그렇게 생겨먹었다가는 우리 동네 우악스러운 사내들 속에서 열흘은 고사하고 단 하루도 배겨날 수 없었으리라. 가감 없이 옮기기에는 좀 섬뜩한 면이 없잖아 있지만, 진씨 댁 말을 베끼자면 "뽀로로 도망치다가 잡혀설랑은 단 한 방에 코피 좔좔 흘리다 뒈져버릴 째비밖에 안 되는 허약한 몸뚱이"를 지닌 게 바로 나란 사람이란다. 그러기에 노인들 몇 수 교회당에다 모아놓고 골목대장을 해먹든지 말든지, 어스럭송아지 폴짝거리든지 말든지 그저 내버려둔다 이 말인가. 그래보았자 네가 내 한주먹감이라 이것이렷다. 그런 만만함이 있기에, 나를 대하는 태도가 부드럽다는 진단이다. 속바닥 고갱이만 지니고 있으면 되는 일. 얼간망둥이만 아니라면 빈 구석이 한두 군데 있는 것도 세상을 살아가는 데 요긴하더라. 나를 보더라도 이 나약한 체력 때문에 이웃의 보살핌을 톡톡히 맛보며 살고 있다. 우리 집 한 뙈기 논밭은 이웃사촌 없이는 가망생신도 없는 농사다. 내가 농사를 조금 짓고 있다는 소개는 우리 동네 벗들이 안다면 웃다가 뒤로 나자빠질 소리다. 농사랄 것도 없는, 멋 부리며 하는 그까짓 일을 가지고 거창하게 농農 자를 빌려 쓰는 일은 양심상 여간 켕기는 일이 아닐 수 없다. 그래도 마음 같아서는 죽자 살자 삽질 괭이질을 하고 싶지만 도대체가 몸이 협조를 해주어야 말이지. 애당초 팔뚝 굵기부터 틀려먹었어. 죄다들 내 허벅다리만 한 팔뚝을 걷어 올리고 몸이 바스러지든 말든 일하는 걸 구경하고서 내린 결론은, 이건 해볼 수가 없는 게임이니 떡이나 먹고 구경이나 하자는 거였다. 이제는 엄두 못 낼 일에는 가차 없이 도와달라는 소리부터 하고 산다.

진택 씨 말을 이어 옮기자면 "그래도 짠하고 안쓰러워 거두어 주고 싶은 인간"이 바로 나란다. 내가 연민하고 사는 것이 아니라 정반대로 우리 동네 원주민들이 나를 연민하여 거두어주고 있음을 고백하지 않을 수 없구나. 다들 버리고 떠난 농촌이 뭐가 좋다고 거꾸로 내려와서, 교인도 몇 안 되는 오지 교회에 틀어박혀 고생을 사서 하느냐며 염려들을 하신다.

이웃의 고마운 손길이 없었다면 나는 식량이니 땔나무는 말할 것도 없거니와 사람 사는 재미마저 없어 진작 두 손 높이 들고 내뺄 생각을 가졌을 것이다.

어느 해 봄날 나로서는 참으로 배겨나기 힘들었던 적응의 시기가 있었다. 그러던 나를 붙잡고 든든히 일으켜 세운, 두근거리게 하는 말 한마디를 지금껏 잊지 못한다. 트럭 뒤에 올라타설랑 동네 젊은 축들과 짬뽕 안주에 배갈을 서너 잔 걸치고 돌아오던 길. 진짜배기 골목대장인 백오동 아재가 위아래 벋니도 눈부시게 그 위에서 일장 연설이었다. 연설인즉슨 이렇게 마무리되었다.

"임 목사는 인자부텀 우리 편잉게로 알아서들 잘 챙겨드려야 쓴다이. 알아묵었냐들?"

그 한마디가 그날 밤 잠 못 들도록 내 가슴속에 남아 계속 웅웅 거렸다. '이 사람은 우리 편'이란 말로 내린 그 황홀한 동지로서의 확인. 손가락 매끄러운 기생오라비요, 이방인이요, 기성제품도 아닌, 이상 요상한 예수쟁이를 절친 동무로 받아준 이런 분들이 안 계셨다면 오늘의 나는 분명코 없었을 것이다.

두루들에게 은혜를 입고 살고 있는 거다. 귀여움을 받고 살고 있는 거다. 좀스러운 나 같은 걸 이웃이라고 거두어주는 저 너른 가슴들…… 또 한 가지 잊을 수 없는, 지난 가을의 기억 한 토막을 되살려본다.

두 마지기 누런 금나락을 어서 베어야 쓸 터인데 도통 시간 내기가 어려웠다. 함께 낫질할 일꾼도 찾기 귀했고……. 혼자서 따복따복 베다 보면 며칠이야 가겠어? 편히 마음을 먹었지만 그도 하루 이틀이었다. 내일은 어떻게든 베어내야겠구나 각오를 다져 먹고 한 번 둘러볼 작정으로 논에 나가보았다. 아, 그런데 이게 어찌 된 노릇인가. 벤 일이 없는데 논바닥에 있어야 할 나락이 보이지 않는 거였다. 다급히 두렁으로 내려가 보니 콤바인 바퀴 자국이 선명했다. 말리는 볏섬을 훔쳐간다는 소리는 들었어도 논의 벼를 통째로 베어갔다는 소리는 일찍이 들어보지 못한 바다. 그렇다면 이건 분명히 누군가의 호의일 터인데.

저 멀리 영호 씨가 콤바인을 자기네 논에 붙이고 있는 게 보였다. 농로 갓길에 세워진, 영호 씨 큰형이 몰고 다니는 용달차에는 볏가마니가 차곡차곡 실려 있었다. 혹시 저게 우리 집 나락은 아닐까? 자전거를 그쪽으로 서둘러 몰았다.

"음메, 목사님 나오셨능게라."

모자를 벗으며 인사하는 용호 씨 큰형수. 얼굴에 웃음기가 가득하다. 수상쩍다.

"나락 땜시 놀라셨재라우? 막내 서방님이 저랬다요."

용달차를 가리킨다. 그럼 그렇지. 이 사람들 짓이로구나. 이 고마운 사람들. 영호 씨가 나락보다 누런 이빨을 번쩍거리며 콤바인에서 내려왔다.

"아니 시키지도 않은 일을 왜 하고 그래싸시요잉? 맴매 해야 쓰겄어요, 맴매."

"얼척이 없네, 거. 좋은 일 허고 욕 얻어묵구마니, 히히."

땀 묻은 손을 덥석 잡았다. 마음 같아서는 와락 끌어안아 주고 싶었다.

"두 마지기가 뭔 일이랍니까요. 쌀까지 찧어가꼬 터억 갖다 바칠 텡게로 걱정 붙들어 매시고 바쁘신 일이나 보시쑈. 지도 맴이 있었고 성님이 또 몇 번 당부도 거듭 허시고."

영호 씨 큰형 상호 아재(마실 나가면 막걸리 자리에서 보통 아재라고, 조카나 된 것처럼 다정히 불러드렸지)의 배후 지령까지 있었던 모양이다. 나락 섬을 뒤로 두고 돌아와 과일이며 음료수며 챙겨서 새참이라고 갖다 드렸다. 그제야 마음이 조금 편해졌다.

"고맙다는 말밖에 드릴 말이 없구만이라."

몇 번이고 이 말만 되풀이했다. 시골살이가 지치고 아픈 때가 많으나 이렇게 고맙고 살맛 나는 때가 한 번씩 있다. 그러다 보니 하루가 일 년이 되었고 일 년이 어언 십 년 세월로 깊어 가는가 보다.

어우렁더우렁 이 마을에 깃들어 살아가면서 늘어가는 건 빚이다. 사랑의 빚이다. 도회지에서 듣기로 '바다는 메워도 사람 욕심은 메우지 못한다'고 들었으나, 이곳 남녘의 가난한 이웃들은 자기 욕심 채우느라 나약한 벗들을 저 멀리 혼자 버려두고, 저만 길 떠나지는 않는다. 경쟁이라니, 추호도 생각 못할 단어다. 야박한 세상이라고들 고개를 저어대지만 아직 온기가, 인심이 살아 있는 곳이 남아 있다. 그런 따뜻한 손길의 이웃들이 아직 살고 있다. 진 빚은 갚아야 도리일진데. 이 사랑의 빚, 언제서야 다 갚을까.

홍단풍

가을걷이를 앞둔 자드락길로 억새가 지천이구나. 청실잠자리가 제 살아갈 날만큼의 태엽을 감는 모양인지 종일토록 억새밭에서 맴을 돌았고 내 마음도 덩달아 억새밭에서 찰방거렸지. 억새가 빽빽한 길. 하얀 꽃상여가 서둘러 지나가던 길이 저와 닮았었다. 꽃상여가 지나간 뒤면 가시덤불에 걸린 하얀 종이꽃이 억새마냥 피어 있곤 했다. 상여가 지나간 길로 짝 잃은 장끼 한 마리 서러이 울어 예다가 꺽꺽 푸드덕 날아오르곤 했지.

살아갈 날보다 살아온 날이 적은 사람이 있고, 살아온 날보다 살아갈 날이 적은 사람이 있을 것이다. 그렇다면 나는 어느 쪽에 가까운가. 대체 나는 어디만치 걸어왔단 말인가. 바람에 떠밀려 가을도 머잖아 입동에 다다를 텐데, 아, 내게 남은 가을만큼 내게 남은 세월도 하염없지만은 않으리. 서둘러야 할 일이 한두 가지가 아니로구나. 무엇보다 사랑하는 일에 마음이 바빠진다. 간만에 피아노 앞에서 애창가곡집을 뒤적이는데 노랫말마다 온통 사랑 사랑, 사랑 타령뿐이더군. 옳아, 인생을 이토록 곡진히 대하게 만드는 삶의 이유가 어디 또 있을 것인가. 문득 호주 영화 〈피아노〉의 한 장면이 떠올랐다. 건반 하나를 꺼내어 천 조각에 돌돌 말아 사랑하는 이에게 정표로 건네려 했던 여인. 그대는 어떠한가. 갈비뼈를 꺼내듯 피아노 건반을 꺼내어 정표로 쥐어주고 싶은 사람이 그대는 있는가.

더 늦기 전에 짝을 찾아야 할 텐데 하며 걱정이 많았던, 홀아비로 늙어 골골하기에는 안타까웠던 잣골 동오 씨. 마당발로 유명이 난 덕동 아재의 중매로 어디서 우렁각시를 하나 얻어다 놓고 요 근래 감감무소식이다. 폐가처럼 쓰러져가던 집을 대대적으로 수리하질 않나 이 오지 마을에는 구경이 처음일 더블 침대까지 들여놨으니 새살림을 차린 각오의 일면을 짐작할 수 있는 대목이렷다.

그래도 홀아비 시절, 신세타령을 늘어놓기 만만하여 걸핏하면 나를 찾아오던 그가 아닌가. 이 말동무가 그립지도 않더란 말인가. 제가 먼저 찾아와야 깨를 털든지 술을 푸든지 뭘

물어볼 거 아냐. 기다리다 망달이 나서 엊그저께 결국 으스름 달빛을 빌려 덕동 아재랑 생삼겹살 두어 근 떠 가지고 대문을 두드렸다.

“오늘은 같이 나란히 못 누울 거싱게 일찍 포기를 허시고 먼저 애랑 주무시쇼, 흐흐.”

덕동 아재가 술잔을 재촉하며 동오 씨 새사람에게 단단히 못을 쳤다.

아빠 손에서 고생고생 자라던 영주는 땟국이 좔좔 흐르던 때깔을 완전히 벗고 별나라 공주님으로 거듭나 있었다. 여인네의 자리가 저토록 큰 것이더냐. 평생 오그랑쪽박을 차고 지낼 것으로 보였던 동오 씨에게 이런 날도 오는구나.

영주가 벽지에다가 크레파스로 낙서 삼아 그린 그림이 재미있어 눈여겨보았다. 아빠는 없고 엄마하고 저만 그려진 그림이었다. 새엄마가 한없이 마음에 드나보다.

“영주야, 크레파스 가져와볼래? 여기 가운데다 목사님 한번 그려봐라.”

“허허이. 아부지도 안 그린 데다 남의 집 납부닥(얼굴)을 집어 넣어부믄 쓰겄으요.”

동오 씨가 정색을 한다.

“왜 참견을 허고 연설이여 시방.”

영주가 가운데서 난감한 표정이다. 영주의 고사리 손을 잡고 보니 손톱마다 봉숭아물이 곱게 들어 있구나.

"봉숭아물 누가 들여 줬니?"

"엄마가요. 아빠도 들였는데."

덕동 아재가 동오 씨 손을 후딱 낚아채어 찟찟이 살펴보더니만 기가 차다는 듯이 농 삼아 땅바닥을 탁 치신다.

"어째야 쓰꼬, 우리 동오를. 이때끔 정신머리맨큼은 암상토 안혔는디 새장가를 들든마는 요거시 머시다냐, 요거시."

손을 상다리 밑으로 감추며 까무잡잡한 동오 씨 얼굴이 발갛게 붉어지더라.

저기 저 가을을 불 지핀 홍단풍보다 더 붉어지더라.

동병상련

〈웨이퍼링 스트레인저wayfaring stranger〉란 노래가 있다. 쟈니 캐시나 찰리 헤이든의 목소리로 들어야 제 맛인 내 인생의 주제가. 바람의 소리인지 나무의 소리인지 수우 수우우, 서러이 감겨오는 저 목소리. 흔들리지 않는 가슴이 어디 사람의 가슴이겠는가. 오늘 바깥 바람소리가 마치 그 노래 같아서 하는 소리야.

영화 《해피투게더》에서 그랬지.

"나는 여인의 목소리보다 사내의 깊고 울울한 목소리가 좋아."

사람의 가슴을 흔들어 뒤척이게 하는 서늘한 목소리, 휘청이게 하는 바람의 목청이란 게 있다. 아무 사내나 그런 목소리를 갖는 것은 정녕 아니리라. 한 번은 목 놓아 울어본 사내만이, 급기야 목청이 훠억 쉬어버리고 나서야 비로소 성대가 아닌 가슴에서 비롯된 쓸쓸한 영혼의 목청을 지니게 되는 것이다. 나는 베이스톤의 느끼한 목소리 따위엔 신뢰가 가지 않는다.

과연 저 불어오는 바람은 슬픔과 동요의 체험을 지닌 바람이 분명하다는 생각이다. 오늘도 왜뚤삐뚤 그어진 능선을 타고 넘어온 가을바람이 나의 편벽한 완강함을 무장해제하고 있는 중이다.

바람이 밀어 치자 낙엽이 앞뒤로 몸을 뒤집으며 스스로 바스락 소리가 나게 몸을 말린다. 성냥 한 개비면 흰 연기의 길을 따라 하늘로 오르고자 함이런가. 그래도 삶은 아쉬운 것, 대개는 밑거름으로 내려 쌓여 어린 나무 하나 키우고 싶어 하는 눈치다. 낙엽만이 안타까운 한생을 사무쳐하는 것은 아니리라. 나 또한 흘러가는 것들의 아쉬움에 젖고야 마는 것을.

언덕을 지나 걷다 보면 바람이 걸어온 길이 소도록이 드러난다. 한편으로 나란히 쓰러져 누운 억새들, 바람의 길이 저러하셨구나. 내가 이 세상을 등지고 큰 새를 만날 때도 북망산천을 향하여 한쪽으로, 한편으로 쓰러져 누울 것이리라. 살아가는 일이 억새나 사람이나 하나 다를 바 없으리.

나도 이 동네의 전력에 휩쓸려, 안동네 골골한 할매들처럼 언젠가 독거자로 지명될지도 모르는 일. 덩그러니 남아 주어진 생을 달아날라 움켜쥐고 이 너른 집 마당을 쓸쓸히 서성대겠지.

동병상련, 비로소 내가 한 무리로 섞여질까. 하나가 될까.

이지렁스레 달빛을 덮던 먹구름이 훤히 걷히고 홍시마냥 붉은 달이 교교하게 뜬 밤이로다. 달빛에 홀려 마당을 한참이나 서성이다 돌아왔다. 나 혼자서 이런 시간을 가진 일이 실로 얼마 만인가. 내 가슴속 깊은 곳에 사는 고요가 발원하여 얻은 하루. 오늘이 바로 그런 반가운 하루였다. 아침부터 그랬다. 연연불망 찾아오던 찌르레기도 보이지 않았고 바람도 오늘따라 조용히만 뒤곁에서 불었다. 안팎으로 고요했다. 고요가 지나쳐 외롭다는 생각조차 들 정도 였으니까. 밤에는 달빛이 이리 좋으니 나를 찾을 술꾼도 있었을 법한데 집단으로 배신이다, 배반이다.

아침나절 땡 하고 시작되면 밤늦게까지 이어지던 전화, 무슨 일인지 오늘은 전화 한 통 드물었다. 손님도 그랬다. 교회 책방에 동화책을 빌리러 온 안골 꼬맹이 병운이 말고는 찾아온 애기 손님도 없었다. 내 인기가 그사이 이렇게 식었단 말인가? 인기 관리 좀 해야겠는걸?

한동안 함께 지냈던 아이도 엄마를 따라갔다. 이곳 바닷가 마을에서 원주민 추장 아들처럼 자라다가 결국 도회지 학교로 끌려간 해빈이. 한글도 잘 못하는 아이에게 학교에서 영어까지 가르친다는데, 불쌍한 아이……. 여하튼 부자 상봉마저 귀해지게 생겼다.

문득 해빈이가 보고 싶어졌다. 그놈 땡글땡글한 눈이 보고 싶다.

커튼을 걷고 창문도 열었다. 달빛이 풀벌레 소리와 함께 무단 침입이다. 쪼그라든 어머니 발톱처럼 생긴 달, 아니면 그대의 손톱 닮은 달.

애들아 나오너라! 달 따러 가자.
장대 들고 망태 메고 뒷동산으로.
뒷동산에 올라가 무등을 타고
장대로 달을 따서 망태에 담자.
저 건너 순이네는 불을 못 켜서
밤이 들면 바느질도 못 한다더라.
얘들아 나오너라! 달을 따다가
순이 엄마 방에다가 달아드리자.

어렸을 때 불렀던 노래다. 순이 엄마 바느질하라고 달빛이 저리 밝다는 걸 아는 사람은 몇이나 될까. 옛 동요에는 서민의 애환이 담겨 있어 그 맛이 알씬하다. 이 밤 고요함이 깊으니 눈물지으며 허우적거리는 이웃도 돌아보게 되는구나. 동병상련의 정인가, 이 눈물은. 전에는 못 흘렸던 눈물 한 방울 볼을 타고 다습게 흘러내린다.

고요함의 방학을 마치면 또 소란스럽고 분주한 마을이라는 학교로 돌아가야 한다. 당장 내일로 다가올지 모른다. 떼로 몰려올 손님들. 어찌 다 감당한단 말인가. 엎드려뻗쳐 열 번 하고 숨쉬기 열 번 하고, 잠이라도 실컷 자두어야겠다. 오늘 같은 심심한 날은 그래 쉬는 시간, 공날이요 휴일이다.

홍어회

잠깐 놀러 나간 사이, 나는 모르고 어머니만 아는 먼 친척 어르신이 성묘 다녀가는 길에 머리 벗겨진 아들이랑 들르셨다 한다. 어머니는 그 연세 자시고도 '시' 자가 붙은 어른은 어려우신가. 점심때 닥쳐 시댁 손님을 받았으니 반찬 걱정으로 속을 태우셨단다. 오늘따라 냉동실에 물고기 한 마리 안 보이고 그야말로 달랑 김치뿐, 내가 애지중지 한 점씩 하는 냉장고 맨 아래 칸 홍어회를 혹여 드실까 몰라 올려보았는데 이게 무슨 과분한 대접이냐시며 젓가락이 다 보이지 않을 정도였다나? 홍어가 큰 노릇을 해주었다고, 아껴 먹더니만 오늘 쓰려고 그랬나 보다고, 내 부글부글 끓는 속은 모르시고 어머니는 홍어회 덕 보았다는 말씀만 하신다.

얼굴도 이름도 기억 없는 먼 친척 어르신. 생각할수록 이거 완전히 날강도님(집안 어른에게 결례인 줄 압니다마는)을 만났다는 거 아닌가.

'아무리 맛나도 그라제 홀따꿍하고 다 자셔부믄 쓰겄으요? 으으으으, 훌쩍.'

오는 길에 영랑사진관 아재를 만나 짱뚱어탕을 먹으러 간 것이 화근이었다. 그까짓 짱뚱어 망둥이를 한 트럭 가져와 보아라. 홍어회 한 접시와 바꾸나.

해남 친구 집에서 가져와 일주일 동안 탁배기를 곁들여가며 뉘라도 같이 먹자고 할까봐 몰래몰래 감추고 먹었던 홍어회. 몰래 먹는 죄로 딸꾹질 무지하게 하면서 먹었지. 싸한 그 향기, 야릇한 뒷맛. 언제 다시 두엄 더미에서 파낸 홍어회를 먹어볼 것인가. 두엄에 썩힌 진짜 지독한 홍어회를... 해남 친구한테 전화를 해볼까나. 나 다 묵었는디 또 없냐? 그러면 우리의 굳은 정으로 보아 두말할 것도 없이 어서 재를 넘어오라고 답하겠지. 하지만 친구 마누라도 쿵짝짝으로 환영할 것인가. 아닐 것이 분명해. 어떤 살림하는 여자가 귀한 먹을거리를 그것도 두 번씩이나 통째로 사다 바치자겠는가. 영험함도 없는 애송이 목사한테…….

정신 차리자. 언제고 다시 맛볼 기회가 있겠지. 조금만 참아불자. 하느님, 내 급한 성질머리 누구보다도 잘 아시는 분,

부탁드려요. 서둘러 조처해주세용.

"하늘에 구름 떠가네, 싸아한 그 향기도, 저 구름이 홍어라면 얼마나 좋을까……."

노래를 불러도 가사가 홍어회로 돌변이로고. 이 중독을 어찌한단 말인가. 마약중독보다 곱하기 심천만 배 무서운 홍어회 중독자로 살고 있는 나, 내가 이민을 가지 못하는 이유 중 하나가 바로 홍어회 중독 때문이라면 그대는 믿겠는가.

장대를 가져다 홍시 두 개 따 먹고 이후로는 독서삼매였다. 원고지 수백 매짜리 논문을 하나 쓸 일이 생겨서 관련된 책을 보느라고 요새 눈알이 튀어나올 지경이다. 마당에 멍석을 깔고 빨간 고추를 널어놓고 지난 장마에 습기 먹은 나물도 꺼내어 널고 누렇게 쓰러져가는 나락 벌판을 한 번씩 내다보며 독서 중. 비스듬히 앉아 독서 중, 드러누워 독서 중. 전화 왔다고 어머니가 소리소리 않으셨다면 그 길로 꿈나라에서 독서삼매였을 것이다…….

대봉이 형이랑 인호 씨랑 모두모두 이번 주 중에 하루 날을 잡아 달맞이로 한판 놀기로 했다는 소식이다. 말씀이야 고맙지만, 나는 진작 달맞이 놀이 마쳤다고, 댁들 하든지 말든지 나는 빼놓고 알아서들 노시라고 꽁무니를 보였다.

진짜로 저번에 달맞이 놀이를 거방지게 했었다. 닭 밝은 날을 잡아 고려청자박물관 친구들 그리고 매주 나랑 영화를 한 편씩 같이 보는 문예마당 식구들이 마량 가는 길에 있는 양이정이라는 정자에 모여서 달맞이 놀이를 했다. 한겨레신문 지국장인 현주씨가 항상 앞장을 서서 놀이판을 벌인다. 풍물에 대금과 단소 연주에 판소리까지, 속이 뜨거워서 맹물만 꺼윽꺼윽 집어삼켰었지. 그런데 이번에는 동네 벗들이 달맞이 놀이를 조촐하게라도 해보자는구나.

으이그 또 비싼 술 마시고 쌈박질하자는 건 아니겠지? 한두 달 전에 그런 일이 있어서 삐요삐요 파출소 김 순경까지 출동했었다. 점방 문을 부수고 난리가 났었다. 사소한 시비로 모씨와 모씨가 쌍코피 터지게 싸웠는데, 지금은 언제 그랬냐는 듯 성님 아우님 하면서 또 술을 마신다. 아이고야, 그러나 나는 그날 이후로 질려 버렸다. 무서워서 어디 같이 자리를 할 수 있는가.

구약성서의 마왕 바알 신보다 더 나쁜 시바알(?)은 보통이고 지랄과 염병, 이 새끼 저 새끼가 난무하는 술자리. 그래도 이번에는 명색이 품위가 엿보이는 한가위 달맞이 행사라 하질 않는가.

그런데 이어지는 놀라운 소식 하나. 영산포 어디 홍어집에서 홍어를 한 마리 사 가지고 와 두엄 깊이 묻어두었다는 것이다. 으하하하, 거 보시라. 하느님은 살아계심이로다. 내 슬픔과 낙심과 낙담을 이로써 위로하여 주시는구나.

"진작이 말씀하시재만 그러셨습니까. 그랬으믄 제가 안 빠지요."

"임 목사도 홍어회 잘 자신가?"

"아따 그걸 말씀이라고 하십니까. 실은 홍어가 생겨서 며칠 전까지 몰래 홍탁을 즐겼는데, 오늘 누가 와서 다 묵어부렀지 않았습니까."

"엥? 그랑게 나도 안 부르고 혼자서 홍탁을 자셨다고잉. 괜히 오라고 그랬네. 임 목사는 그라든 이번에는 합석 말드라고."

"뭔 말씀을 그라고 섭하게 하신다요. 제가 기도를 때려줘야 가내 평안하고 무병장수하실 틴디요?"

"연설하고 자빠졌네. 홍어만 있으믄 써. 끊네이."

딸까닥, 다음 말을 꺼내려는 찰나였는데 무참하게끔 딸까닥. 진짜로 오지 말라는 소리는 아니겠지? 그런데 이 양반이 애기 같은 구석이 있더라고. 진짜로 삐쳤는지 몰라라. 전화번호가 몇 번이더라? 갑자기 생각이 안 나네? 홍어 한 점에 탁배기 한 잔이면 초등학교 때 배운 교과서도 좔좔 외울 수 있으련만.

텔레비전 수리공

"젊은 양반이 뭐 따물로 시말테기(힘) 한나 없이 틀어박혀만 사신다요? 바람도 쐴차 우리 집도 잔 놀러 오고 그러시란 말이요."

추수감사라고 쌀 한 가마니 내려놓으시며 상춘 씨가 그랬다. 그러고 보니 옥수수 쪄 먹던 처서 그 즈음 말고는 봄골을 찾은 기억이 감감하구나. 무심했지 무심했어. 단풍나무 씨앗도 나무에만 붙어살기 심심하여 날개를 매달아 날아다니지 않던가. 재미 삼아 마실가는 일은 둘째로 치고라도 엎어지면 코 닿을 그 동네에 저토록 오매불망 나를 위해주는 친구가 살고 있는데.

"만날 집에만 있진 않아요. 가끔 안골로 마실도 다니고 그래요."

"또 뉘집 테레비가 고장이 나부렀는갑재?"

이크, 들켜버렸네. 사실은 어제도 그랬다. 텔레비전 고쳐주러 마실을 갔다.

"햅쌀로 맛난 동동주 담궈 놓을 팅게 꼭 놀러 오시쑈이?"

그리 하마 약속을 받아 쥐고서야 저이들 내외 발길을 돌리신다. 겨울나기가 겁이 나는가? 함박눈에 갇히면 친구가 새삼 보고플 두메산골, 외로움만큼 큰 두려움이 어디 또 있으랴. 그래도 저이들은 서로 말동무할 반려자나 있어서 다행이지.

어제 논정댁 할머니 집에 다녀올 일이 있었다. 밭에 다녀온 사이 노모께 찾아와 며칠째 텔레비전이 고장 나서 심심해 못 살겠노라고, 아들 목사한테 부탁 좀 해달라고 그러시더란다. 죽을병도 안수기도로 고치는 목사님이 있다던데 나는 그런 건 가망 생신도 없고... 죽은 텔레비전도 안수기도 한방에 되살린다고 동네방네 소문 난 목사는 된다.

서둘러 공구 가방을 챙겨 들고 안골로 내려갔다. 바쁜 사람 불러다 놓고 할머니는 어딜 가셨지? 아무리 동네 복판이라고 하나 대문도 훤히 열려 있고 방문도 비끄름이 열린 채였다. 리모컨을 몇 번 눌러보았는데 이런 허망한 일이, 건전지 약이 다했구나. 고쳐보신다고 이것저것 눌러 놓으셔서 본체도 몇 군데 이상이 있었지만.

내 이럴 줄 알고 미리 준비를 다 해왔지. 새 건전지를 꺼내어 갈아 끼웠다. 지대가 높아서 그런지 화질이 우리 집보다 더 나았다. 할머니 뵙고 생색이라도 내고 가야지. 앉아 있으려니 액자를 해서 벽에 걸어둔 할머니 할아버지 사진이 보였다. 할머니 사진은 장차 영정으로 쓸 일이 남았겠구나. 자녀들 결혼사진도 보이고 손주 아이 발가벗은 백일사진도 있었다.

할아버지는 저 세상에서 잘 살고 계시겠지? 중절모에 자전거를 타고 출타를 나가시다가 내 인사를 받으시면 일부러 자전거에서 내려 근황을 묻곤 하셨던 할아버지.

먼지가 잔뜩 내려앉은 할아버지 사진틀을 걸레로 구석구석 닦아 다시 올려놓았다. 병중에 계실 때 찾아뵙고 손이라도 한 번 더 잡아드렸어야 옳았는데 꼭 뒤늦게 이런 후회로구나. 사진틀을 닦아드리는 것으로 죄송한 마음을 덜 뿐.

"오매 진작 오셨능갑네?"

할머니가 돌아오셨다.

"도둑 들면 어쩌시려고 대문 열고 돌아댕기신대요?"

"가꼬 갈 것이 뭐가 있간디요. 혼자 오래 살다 보믄 도둑놈도 반가운 뱁이당게요."

할머니는 그만 돌아가겠다는 나를 가로막고서 라면이라도 끓일 터이니 들고 가라고 성화셨다. 그럼 한 그릇 먹고 가볼까나? 이왕 끓이실 거면 달걀을 넣어야 라면은 제 맛인데.

"할머니, 겨란도 넣으십니까?"

"겨란은 없는디."

"아니 넣지 마시라고요. 저 겨란 무지하게 싫어해요."

급히 말을 바꿨다.

뽀글뽀글 라면물이 끓는 사이 할머니는 리모컨을 쥐고 채널을 이리 돌렸다 저리 돌렸다 해보시고는 흡족하신 듯 한 말씀 쩌렁쩌렁 울리게 하셨다.

"실력이 진짜 대단하셔."

휘파람 소리

헝클어진 머리카락을 쓸어 올리고 더듬어 안경을 찾는다. 내 약한 시력을 오래도록 도와주고 있는 동그라미 뿔테 안경. 혁명가 트로츠키나 비틀즈의 존 레넌, 독립운동가 김구 선생님처럼 동그란 안경테를 좋아해. 안경처럼 동그랗게 살아야 하는데 만날 각지고 모나게 살다 보니 골머리 아픈 일만 많아. 윗목에 떠다 놓은 냉수 한 사발을 들이켠다. 보태어 머리를 한 번 도리질 치고서야 비로소 눈이 뜨이고 앞이 보여. 가을 타나봐. 세상의 푸른 것들이 제 빛깔을 잃고 하나둘 지상을 뜨는 풍광이 못내 서러운가. 마음이 헝클어져 있어…….

어제였다. 집에만 있기 답답하여 읍내에 나갔다. 차 한잔을 끝으로 헤어지기에는 서운한 감이 있어 식사를 겸해 간단하게 반주나 곁들이자고 밥집으로 자리를 옮겼는데 어떻게들 소식을 들었는지 동무들이 하나둘 모여들기 시작했다. 쇠풍경처럼 덜렁거리면서 노래를 하라면 노래를, 말을 하라면 말을 늘어놓으며 자정에 이르도록 휩쓸렸다. 매번 고맙게도 알량한 정 때문에 자리를 떨치고 일어서지 못하는 내 성격을 아는 친구가 나를 훔치듯 해서 택시에 태워 집까지 보내주었다. 택시 기사가 나를 알아보고 말을 꺼낸다.

"무슨 좋은 일 있으신가 봐요?"

"왜요, 그런 거 같아 보여요?"

"휘파람을 불고 계시잖아요. 차에서 휘파람을 불면 불길하다고들 그럽디다만 저는 안 믿습니다. 더구나 목사님이 타셨는데."

"아이쿠, 그럼 그만두어야지요. 목사라고 하느님이 편애하시겠어요?"

어느새 택시는 교회에 당도해 있었다. 읍 관할이면서도 시가지에서 빠져나와 다산초당을 향해 십여 분은 족히 숨어들어야 이르는 집. 불이 켜진 집은 하나도 보이지 않고 이차선 도로를 따라 외등 몇 개가 불을 밝히고 있기는 하지만 도회지 밤의 현란한 풍광과는 비교할 수 없이 무서운 어둠이 내려앉은 마을. 그 마을의 초입인 개울가에 위치한, 종루가 있는 외딴 집. 그 사원에 사내 하나 휘파람을 휘휘 불며 살고 있다.

택시에서 내리니 쩌렁쩌렁 풀벌레 소리가 소란스럽도록 반긴다. 옥작거리는 풀벌레들의 휘파람 소리가 가슴 구석까지 차오른다. 어떻게 들으면 풀벌레들이 생긋뱅긋 웃으면서 내지르는 소리인 듯 들리다가도 가슴이 허전할 때 들으면 이만한 비련의 주제곡도 없겠다는 생각이다. 어둠 속에서 본격적으로 풀벌레들과 상견례를 가졌다. 풀벌레처럼 나도 휘파람을 불면서, 풀벌레 마냥 그렇게 낮게 엎드려서…….

이불을 깔고 쓰러져서도 휘파람은 이어졌다. 이태리 가수 루치오 바띠스티Lucio Battisti의 휘파람 노래 〈우마나멘테 우오모Umanamente uomo, 일 소그노IL sogno〉를 틀어놓고 잠이 들었다. 그래서였을까. 꿈속에서도 휘파람 소리가 들려왔다. 소리가 한없이 포근해서 거절 없이 꿈길을 따라 깊이 들려왔다. 소리가 한없이 포근해서 거절 없이 꿈길을 따라 깊이 들어갔다. 머다랗게 나무 한 그루 서서는 몸을 좌우로 세차게 흔들어 잎을 버리며 차츰 앙상해져가는 풍경. 그 장면에 들리는 소리는 날카로운 바람 소리가 아니라 부드러운 곡조의 휘파람 소리였다. 지상에서 저물어가는 모든 것들의 배경음악은 휘파람 소리 아닐까?

자, 이제 그만 일어나시지. 족히 눕지 않았는가. 선선해서 일하기 좋은 날씨로군. 허드레옷을 챙겨 입고 텃밭으로 난 길을 따라 걸었다. 당근 뿌리가 하루가 다르게 굵어져 가고 있구나. 거두려면 당당 멀었지만 배춧잎도 몰라보게 넓적해지고 있다. 숨통 트이게 고랑을 살펴주는 마음이 이를 데 없이 흐뭇해진다.

작년에 톡톡히 재미를 본 도라지. 올해도 심었는데 예년 같지는 않으나 우리 식구 먹기에는 부족함이 없다. 도라지를 몇 뿌리 캐 들었다. 도라지는 가을에 직접 흙냄새를 맡으며 캐고, 곧바로 요리해 먹어야 제맛이다. 무쳐서 꼭꼭 씹어 먹으면 밥 한 그릇 달게 비우는 건 일도 아니다. 아, 생각만 해도 배에서 꼬르륵 소리가 난다.

산밭에서 내려오는 길, 학교에 가는 아이들을 만났다. 새내골 사는 아이들. 온당 다섯 명이 그 큰 마을에서 나온 초등학생의 전부다. 운동회 연습이 한창인지라 하얀 체육복 차림이었다.

"공부 안 하고 좋겠다들?"

"아네요, 더 힘들어요."

말은 이렇게 하지만 아이들 얼굴에 즐거움이 한가득이다.

체육복 때문일까. 아이들이 하얀 갈매기 같다. 끼룩끼룩 웃으며 날아가는 걸음을 따라잡을 수 없다.

"얘들아, 의리 없이 그러기냐? 같이 가자."

"늦었어요. 빨랑 가야 돼요."

큰 녀석이 동생들을 다그치자 죄다들 달리기 시작한다. 걸었다가 달렸다가 멈췄다가 등굣길의 풍경이란 게 늘 그렇다.

초등학교 1학년짜리 꼬맹이 영식이는 숨이 가쁜지 그만 뒤처졌다. 내 손에 흙만 묻지 않았어도 녀석의 손을 잡고 걸으련만.

"너 이런 소리 들어봤니?"

휘이익 휘파람을 불었더니 영식이 눈이 똥그래졌다.

"너도 되나 한 번 해봐라."

훅훅 헛바람만 내고 있다.

"어렵지? 자주 하다 보면 금방 불 수 있어."

앞지르던 형 누나들이 막내를 기다리고 있었다. 큰 녀석이 저는 할 줄 안다고 입술을 오므린다. 어쭈, 소리가 제법인데?

언젠가 막둥이 영식이도 휘파람을 저 정도는 불게 될 날이 있을 테지. 그때쯤이면 형도 누나도 졸업하고 아무도 이 길에 없을 거야. 아이가 학교 길을 홀로 오가며 부는 휘파람 소리, 외롭고 쓸쓸하기 짝이 없을 그 소리, 새들이 아마 길동무가 되어줄 거야. 휘파람은 역시 새들이 짱이지.

"가을이라 가을바람 솔솔 불어오니 푸른 잎은 붉은 치마 갈아입고서 남쪽나라 찾아가는 제비 불러 모아 봄이 오면 다시 오라 부탁하노라. 가을이라 가을바람 솔솔 불어오니 밭에 익은 곡식들은 금빛 같도다. 추운 겨울 지날 적에 우리 먹이려고 하느님이 내려주신 생명의 양식."

노래를 부르다 휘파람을 불다가 하면서 고갯길을 내려와 교회 앞길에서 우린 헤어졌다. 아이들이랑 흥얼거렸던 〈가을〉

이라는 동요는 초등학교 때 선생님의 풍금 반주에 맞춰 배웠던 노래다. 누런 나락과 함께 하느님이 내려주신 또 다른 생명의 양식일 동요를 그토록 많이 가르쳐주셨던 선생님은 그 해 가을 결혼하셨다.

눈부시도록 새하얀 웨딩드레스를 입은 선생님은 시골 초등학교에서 꽃다발을 들고 올라온 한 사내아이에게 다가가 끌어안고 이마에 입을 맞추어주셨다. 그 아이가 벌써 이렇게 자라 오늘 여기 이런 모양으로 살아가고 있다. 휘파람을 불며 살아가고 있다. 멀고 아득한 곳으로 저물어가는 세월, 그 어느 지점에다 휘파람 소리 하나 남기면서 살아가고 있다.

선무당

청불가사리, 빨강불가사리, 긴팔불가사리, 밤하늘에 뜬 별이 불가사리를 닮았구나. 별들은 밤바람에 여울이 되어 찰방거리고 구름을 빠져나온 달은 등대처럼 밤길을 살펴주는가.

어젯밤 마실을 다녀오는 길에 재종이가 가던 길을 멈추고 다리 난간에 기대어 담배를 빠는 사이 나는 제자리에 꼿꼿이 서서 첨성대처럼 별바다에 잠겨 들었다.

시골살이의 즐거움에서 별구경을 뺀다면 짝 없이 외로운 가을 복판이요, 단풍 껍데기만 잡고 치는 고스톱 판이렷다. 비유를 들어도 꼭 이렇다니깐, 흐~.

달을 요렇게도 보아하니 이웃마을 금당못에서 해마다 만

나는 하얀 연꽃, 백련 봉오리를 닮아 있구나. 야, 다시 백련이 보고 싶다야. 백련 꽃봉오리를 코에 가져다 대고 한참을, 한참 동안을 흠흠흠 그러고만 싶어라.

"이 년도 아니고 저 년도 아니고 백 년이나 보고 자퍼라우? 목사님은 능력도 좋아부요잉."

우리 동네 사람들은 농담이든 진담이든 욕지기와 관계없는 말은 할 수가 없는 종족인가 봐. 모처럼 시심에 젖어 있는데 분위기 산산조각 내는 이 무슨 우라질 소리.

"그래, 나 능력 좋다. 이 '염병할 노므스키'야."

욕을 한 바가지 퍼부어주었다.

"고거이 쏘련놈 이름이다요 욕이다요? 욕인갑는디, 목사가 되어가꼬 욕을 막 해부러도 된다요? 인자 봉께로 완전히 땡목사구만 땡목사여."

피식 하면 하는 수법, 또 자기 불리할 때면 목사가 이러쿵저러쿵. 내가 뭐 목사를 직업 삼아 살고 있는 자인가. 예수님의 단짝 친구야 좋아도, 십자군의 장고는 나는 정말 싫어. 언제든지 고위층 상류층 권력층 목사님들께옵서 이 반항아에게 '쯩'을 내놓으라 명하시면 아쉽고 말고 할 것 없이, 그렇잖아도 한통속으로 욕 얻어먹는 것도 부끄러워 죽겠는데 잘 되었다 하고 넙죽 반납할 목사 라이선스가 아니런가.

이젠 거반 저물고 없더라만 하얀 연꽃 바다, 금당 연못에 가고 싶었다. 우리 집에서 어림잡아 십여 분쯤 걸릴까? 차를 몰고 북쪽으로 달리다 보면 성전 못 미쳐 정남향으로 자리 잡은 금당 마을이 있다. 금당 연못에는 아무 데서나 볼 수 없는 하얀 백련이 군락을 이루어 피어 있다. 이번 여름에도 백련을 알현하러 여러 번 찾아갔었지.

하루는 어린 비오리들, 동네 꼬마들을 쫑쫑쫑 이끌고 금당 연못으로 연꽃을 그리러 갔었다. 우리 교회는 지역 교육 모임들과 함께 여름방학이면 어린이 미술학교를 열고 있다. 모든 교회들이 경쟁적으로 성경학교를 여는데, 나는 성경학교 대신 아이들이 평생 한 번 만날까 말까 한 화가 선생님과 며칠이라도 같이 보낼 수 있는 선물을 안겨주고 있다.

작년에는 권정생 선생님의 그림동화《강아지똥》을 그린 화가 정승각 형을 모셨고, 올해는 목판화가 류연복 형을 모시고 아이들과 그림공부를 나누었다. 아이들이 떼거리로 몰려오자 연잎에 앉아 졸고 있던 개구리들이 "아니 개구리도 아니면서 뭐가 이렇게 시끄럽다냐?"하며 조용히 하라고 한마디씩 개굴개굴. 워따따따 지들이 더 시끄러워. 연못 주인을 갈아치운 미안함 때문이었는지 몇몇 아이들은 연잎 위에 앉은 개구리를 주인공 삼아 그림을 그리기도 했다. 아이들이 그린 백련 그림과 그날 찍은 사진을 예배당 안에다 붙여 놓고 자주 들여다본다.

한 해가 지나야 다시 만날 수 있을 새하얀 연꽃아! 이제 그리움으로 한 해를 견뎌야겠구나. 지금으로선 자신이 없지만 해마다 잘 견디고 잘 버텨오지 않았던가.

오늘은 가을에 입을 옷들을 꺼내어 빨았다. 행주도 삶고 도마도 가을볕에 내다 놓았다. 뒤꼍에 감나무 두 그루를 이어 빨랫줄을 치다가 말벌 시위대를 만났다. 창고 지붕 밑으로 호리병을 닮은 좀말벌집이 보였다. 저걸 언제 지어서 나 몰래 살고 있었단 말인가. 가까이 날지 마라. 빨래집게도 놀랐는지 이빨이 부러져라 있는 힘껏 옷을 깨문다. 나도 다리가 후들후들, 내가 어떻게 빨래를 널었는지 기억조차 없다. 도대체 이 집 주인이 누군지 모르겠어.

빨래도 다 널었겠다, 내 흙방 선무당에 들어가서 차나 한 잔 마셔볼까나?

올해 벗들이랑 서너 번 즐긴 백련다회. 향기 그윽한 백련 꽃송이를 따다가 녹차와 함께 큰 다기에 넣어놓고 미지근한 물을 부어 백련의 환한 개화를 보면서 마시는 백련차. 오감을 자극하는 백련차는 아니지만 보이차, 솔잎차, 커피까지 차 종류는 다양하게 준비되어 있다.

내 흙방 이름이 선무당이라 말했던가. 가끔 욕도 할 줄 아는 땡목사요, 돌팔이 목사인 나는 사람 잡는 선무당이 아니겠는가. 선무당에 걸맞게 사는 집 당호조차 선무당이니 기가 막힌 이름 궁합이렷다. 풀어 새기자면 신선 선仙 자에 춤 무舞를 붙여 선무당仙舞堂이라고 쓰는데 '일상을 통한 공부 말고 다른 공부란 없다'는 뜻으로 선무당禪無堂이라고도 쓰고, '착한

무당이 되어 살자'는 뜻으로 선무당善巫堂이라고도 쓴다.

꿈보다 해몽이라고 장황한 해석이 따라다니는 선무당에 살고 있는, 선무당인 나.

나보다 성실하게 살아가는 교인들 앞에서 무슨 낯짝으로 감히 설교를 할 수 있겠는가. 그래서 애당초 나는 선무당인 게다. 부족한사람, 사람 잡는 선무당.

"비가 새는 작은 방에 새우잠을 잔데도 고운 님 함께라면 즐—거—웁—지 않더냐."

훌쩍거리는 노래나 두어 절 뽑다가 시간 전에 설교를 마치고 마는 얼치기 목사.

그러기라도 하면 인생이 술술 풀리기라도 한다는 말이더냐. 동네 가난뱅이들이랑 술로 밤을 새우다가 느닷없이 술병 낫게 안수 기도를 해주겠다고 달려들어 "선무당이 사람 잡네!" 하고 웃음바다를 만드는 주정뱅이 친구인 사람.

그나마 재주가 보인다는 글도 잘 팔리지 않는 모양이라, 친구 녀석의 위로처럼 글보다는 방송출연 쪽에 관심을 기울이면 또 모르는 일이겠지만 얼굴 팔리는 일은 죽어도 싫어하는 데다가 변방의 슬프고 아픈 이야기만 골라 써대고 있으니 작가로서 신수가 훤해질 일도 없을 것 같다. 선무당 주제에 그나마 사람이나 안 잡으면 다행이지. 세월아 네월아 억지 빼기로 죽치다 보면 선무당을 벗고 큰 신 받아 덩실덩실 칼춤 출 날도 있으려나.

해가 짧아지려는가 보다. 검은 솥뚜껑이 바삐도 내려앉는군. 어두워지면 다시 별구경이나 나가야겠다. 오늘은 별자리 어느 귀퉁이에다 무당별 자리도 하나 보아두고 나 죽어 이사 갈 선무당 집 자리도 보아두련다. 백련 달빛이 가까운, 아— 어디가 좋을까.

누가 말려

옴천댁 할머니가 염소와 씨름 중이다
줄을 거머쥐고 아무리 당겨싸도
염소는 정반대 방향으로 맹돌진!
역시 들로 나가던 길일
초동 할머니 염소도 주인을 거스르며
씩-씩 거린다. 이거 좀 놓아달라고
사랑은 같이 있고 싶은 것
이 간절함을 누구라고 외면할 것인가
염소와 염소가 볼을 부비고, 두 할머니는
"어짜겄소? 즈들 좋단디"

손을 든다

오늘 아침에도 저수지 언덕으로 산책을 나갔다가 열애에 빠져 정신없는 염소 한 쌍을 만났다. 이제 할머니들은 녀석들을 한데 매어놓는다. 할머니들은 자운영 꽃이 쑤억쑤억 올라오는 논둑에 앉아 라일락 담배 한 대씩 나눠 태우시고는 손을 저으며 돌아오신다.

"해 넘어가기 전까정은 델러 올 텡게 너머들 밝히지 말어라잉— 알어 묵었지야?"

그러시고는 두 분 께르께르르 숨넘어가게 웃으신다. 할머니들의 웃음소리가 시골의 아침을 훈훈히 데운다. 태양만 세상을 데우는 줄 아는가? 천만의 말씀 만만의 콩떡이다.

같이 있고 싶은 마음, 함께 고봉밥 한 그릇 마주 보며 먹고 싶은 바람, 멀리 둘만의 여행을 떠나고 싶고 그리하여 함께 저물고 싶은 그런 간절함으로 손에 손을 꼭 잡은 연인들. 팔짱 끼고 다정히 걸어가는 연인들을 볼 때마다 아름답고 부럽고 사랑스럽기 한이 없다.

내가 알고 있는 연인들이 우여곡절 끝에 마침내 가족을 이루고, 달콤한 신혼기를 보낸 뒤에 둘을 빼닮은 아이를 낳았다고 소식을 보내오면 마치 내 일인냥 좋아 혼자서라도 포도주를 걸치고는 한다.

완도 사는 혜정이 부부가 그렇다. 혜정이는 광주 아무개 교회에 다니던 청년이었다. 나는 그 교회와 인연을 나누며 가끔 혜정이를 볼 수 있었다. 그때는 간호대학을 다니던 예쁜 대학생이었는데 나중에 들어보니 완도 어느 병원으로 취업을 갔다 했다. 그리고 몇 해가 흘렀던가.

혜정이 친언니로부터 들은 이야기로는 같은 병원에 근무하는, 전기 일을 보는 직원과 사랑에 빠진 혜정이가 두 집안의 완강한 반대에 부딪히자 결사항전의 각오로 결혼도 하기 전에 동거에 들어갔고, 게다가 아기까지 가졌다는 거였다. 일이 그 지경까지 흘러갔는데 어느 부모가 두 손 들지 않으리오. 배짱 좋은 신부는 결혼식장에서 시종 희희낙락이었고(웃으며 딸 낳는다고 노인들은 웃지 마라 인상들을 쓰고) 반대로 장남인 신랑은 부모님을 보며 눈물을 찔끔거렸다. 몇 달 지나지 않아 혜정이는 예쁜 딸아이를 낳았다.

가까운 데 사는 연고로 혜정이네는 친정집 오듯 나를 찾아오곤 한다.

"집에 계셨네요. 잠깐 들러도 되죠?"

"오지 말라고 하면 안 올라 그랬니?"

"또 장난이셔."

자박자박 걷는 아이를 데리고 찾아오는 혜정이 부부를 볼 때면 내 가슴은 그 시로 꽃 피는 봄날이 된다.

"잘 살았지?"

"그럼요."

"요새도 냉장고에다 실례하시는가?"

술이 과하다는 애기 아빠한테 따끔한 한마디.

"그건 제가 드릴 말씀입니다."

어쭈구리, 이거 웬 도발적 발언?

"일전에 목사님하고 친구 몇 분이랑 완도 수협 근처 횟집에 오셔서 술 드신 일 있으시죠? 그날 목사님 엄청나게 술 드셨다던데?"

"아니, 어떻게 그런 극비사항을……."

"아이고, 그 집이 제 누님 집이걸랑요. 제 바로 위 누님이 그 집 사장님이에요. 수염 때문에 유심히 곁눈질을 하셨다 그래요. 일행이 목사님이라 부르고 강진 이야기도 나누고 하시니까 임 목사님이신 줄 아셨나 봐요. 전에 누님한테 목사님 얘길 했었거든요."

아뿔싸! 그날 기분이 좋아, 정말 무지하게 좋아 곤드레만드레 마시고 젓가락 장단에 노래까지 불렀을 걸 아마. 난데없는 일침을 당하고 시종 깨갱깽이었다.

차 한잔 우려먹고 무릎 꿇어 기도를 올리고 세 식구는 완도로 돌아갔다. 승용차 뒤에 탄 혜정이와 다연이가 뒷유리창으로 내내 손을 흔들었다.

"목사님, 다음에 또 올게요!"

'그래, 그래, 행복하거라, 사랑하거라…….'

저녁이 깔리고 내 흙방 창문 너머로 저수지 언덕길을 내다보니 염소들이 보이지 않는다. 집으로들 돌아간 모양이다. 머지않아 저 언덕에 아기 염소가 보일 테지. 한 마리, 아니면 두 마리일 아기염소는 저 언덕에서 처음 아빠 염소와 상봉을 하게 될 게야.

엄마 아빠 염소의 두터운 사랑처럼, 엄마와 아기 염소, 아빠와 아기 염소의 사랑도 지극할 것이다. 세 마리 아니면 네 마리 염소들이 저 언덕에 보일 때를 생각하니 벌써부터 마음이 설레어온다.

사랑은 사람을 강하게 만들고 차가운 가슴을 달뜨게 만든다. 검은 방 안에 웅크려 서럽게 울던 사람을 대낮처럼 밝은 얼굴을 하고 환호하며 뛰쳐나오게 만든다. 누구도 뜯어말릴 이 없는 완강한 사랑. 오매불망 일편단심의 사랑이 그대는 없었는가. 그대는 그런 열렬한 사랑을 해보고 싶지 않으신가?

둘러보면 사랑 아닌 것이 없고 사랑을 가르치지 않는 스승이란 없다. 염소 두 마리가 나에게 날마다 사랑을 가르치고 있는 것처럼. 열렬한 사랑의 맹 돌진으로 저수지 둑에 한데 매어질 수 있었던 염소 한 쌍, 머지않아 아기 염소와 그 언덕에 가족사진을 찍게 될 염소 쌍쌍에게서 나는, 사랑을 배운다. 그런 열렬한 사랑을 오늘도 꿈꾼다.

이슬람 신비 시인 술탄 바후의 시구처럼 "눈길 가는 곳 어디라도 사랑이었어."라고 고백하지 않을 수 없구나. 세상은 왼통 사랑의 축제 아니런가. 누구도 뜯어말릴 수 없는 사랑. 그런 절절한 사랑이 도처에 가득하다. 나와 그대도 그중 한 쌍인가?

산사 음악회

'맛동산' 한 봉지를 나눠 먹으며 동네 아이들이랑 끝말잇기를 하고 놀았다. "빼드렁니" 그랬더니 "니 나한테 반했나" 이러는 게 아닌가. "돌았냐. 니한테 반하게." 히히히.

통기타를 퉁기며 아이들이랑 노래를 불렀다. 동요도 부르고 가요도 불렀다. 〈요단강 건너가 만나리〉 찬송가는, 오늘은 쉬었다. 아이고 징그럽다 장례식 노래. 피식하면 부르는 장례찬송. 경로당 노인대학 장례식장 교회이다 보니 노상 불러대는 찬송가가 〈요단강 건너가 만나리〉이다.

아이들 돌아간 자리, 변성기가 아직 덜 된 아이들의 앳된 목소리가 예배당 마룻바닥에 여전히 굴러다녔다. 낙엽만 구르는 재주가 있는 것은 아닌 것이다. 방석을 베개 삼아 누워서 구르고 흐르고 하는 노랫소리에 귀를 적시다가 잠깐 졸았던 모양이다. 한기가 느껴져 깜짝 깼다. 요놈들 다 어디로 갔나? 나만 남겨두고 어디로 갔나? 빗자루를 꺼내 과자 부스러기며 어질러진 예배당 마룻바닥을 쓸고 환기를 위해 열어두었던 창문도 단단히 닫아걸었다. 창문 가까이 갔더니 창밖으로 노란 국화꽃이 병아리 맹크롬 주저앉아서 힐끗 날 치어다본다.

가을이 깊어졌구나. 빠져 죽을 만치 하늘도 푸르게 깊어졌어라. 점점 홍시가 익고 감나무들이 불붙어 지구별 아궁이가 바알개진다. 겨울에 집집마다 광이나 다락에 홍시를 앉혀 놓지 않는다면 지구는 땡땡 얼어붙어서 해왕성 명왕성 처지가 되고 말 것이리라. 저 붉은 불꽃, 홍시는 새의 몫으로 남겨두어야지. 불을 먹은 새가 토해내는 절절한 노래를 들어보고 싶은 것이다. 홍시 덕분에 한동안 보이지 않던 새떼가 집으로 날아들고 있다. 덕분에 새들의 노래를 야물딱지게 듣고 있다. 그러면 나도 답가 차원에서 노래 한 곡조 들려주기도 한다. 만나는 사람들, 만나는 모임마다 나보고 노래를 하나 불러달라고 청을 한다. 잘 부르는 목청은 아니지만 질질 빼며 사양하지 않는다. 주로 김추자의 노래로다가. 한 번 노래를 부르기 시작하면 메들리다. 그래서 노래공장 소리도 듣는다.

지난해 여름부터 달마다 보름달이 둥싯 뜨는 토요일이면

전라도 땅 어머니 산인 무등산 자락 아래에서 열리는 조그만 산사 음악회에 함께하고 있다. 증심사, 그 절집의 주지이신 일철 스님과 의기투합, 무등산 보호단체 여러 식구들과 '무등산 풍경소리'라는 음악회를 열고 있다. 거기 초대 사회자로 나서서 노래 공연을 벌이고 있다. 주차장 아스콘을 걷어내고 개발 악귀들을 찬송가와 찬불가 푸닥거리로 쫓아내며 작은 해방구를 마련했다. 여타의 산사음악회와는 다르게 개신교, 천주교, 불교, 원불교 4개 종단의 친구들이 다정하게 모여 일구는, 생명과 화합의 한 마당인 게다.

대중들 앞에는 얼굴 내미는 일을 지독히 싫어하는 나다. 사람이 많이 모인 자리에 가면 평소에 없던 대인기피증이 갑자기 생겨난다. 그런 나도 대규모 난개발사업들 앞에 가만히 있을 수만은 없었다. 종교 간의 불화와 분쟁에 평화의 마침표를 찍고 싶었다. 게다가 친구 스님은 목숨이 위태로운 큰 병을 앓고 계신 상태다.

"좋습니다. 저도 거들겠습니다."

냉큼 팔을 걷어붙였다. 그리고 약속대로 첫 회부터 지금까지 노래꾼들을 골라 모시고, 음악회 사회까지 도맡고 있다. 음악회는 성황리에 이어지고 있고 수많은 시민과 도민들이 무등산을 지키자며 손과 손, 마음과 마음을 '띠'로 잇고 있다.

부처님 도량에서 예수쟁이 목사가 고삐 없이 설쳐도 되는가 싶어 진행하는 내내 걱정이 적지 않았다. 그러나 백합꽃을 든 예수님과 연꽃을 든 부처님이 맨 앞좌석에 나란히 앉아 뜨거운 박수와 꽃다발로 나를 격려해주셨다. 첫 회 공연의 노래 손님은 강원도 대관령 자락 깊은 산중에서 없는 대로 불편한 대로 살고 있는 자유혼의 가수 김두수 형이었다. 김두수 형은 〈보헤미안〉, 〈산〉, 〈나비〉 같은 대표곡과 동요를 특유의 챙챙거리는 기타와 하모니카 연주, 심금을 울리는 목소리로 들려주었다. 나와 평소 인연 깊게 지내는 《아제아제 바라아제》의 장흥 땅 한승원 선생님도 이야기 손님으로 모셨다. 증심사에서 혼례식을 한 이야기, 예전 무등산 자락에 살며 느꼈던 감회, 오월 민중항쟁과 무등산의 의미들을 들려주셨다.

음악회가 무르익을 즈음 보름달이 머리 위로 둥실 떠서 우리들은 모두 밤하늘을 우러렀다. 아, 달빛의 기막힌 협조였다. 별을 보고 달을 보고 사는 일, 별을 우러르며 메시아를 찾아 나섰다는 동방박사 이야기가 문뜩 떠올랐다. 우리는 하늘을 우러러야 하는 것이다. 이 초록의 숲에서 별들을 우러러야 하는 것이다. 음악회를 마치고 그냥 헤어지기는 너무 아쉬워서 손을 놓지 못했다. 신부님과 스님과 목사님과 교무님도 오래도록 손을 놓지 못했다.

강진에서 한 달 내내 틀어박혀 있다가 보름달 뜨는 날 광주로 올라가는, 한 시간쯤 걸리는 그 길에서 나는 노래공장이나 된 것처럼 아는 노래를 몽땅 흥얼거린다. 결국에는 밑천이 떨어져 찬송가를 생각해내 불러본다.

"저 장미꽃 위에 이슬 아직 맺혀 있는 그 때에 귀에 은은히 소리 들리니 주 음성 분명하다. 주가 나와 동행을 하면서 나를 친구 삼으셨네. 우리 서로 받은 그 기쁨은 알 사람이 없도다. 그 청아한 주의 음성 우는 새도 잠잠케 한다. 내게 들리던 주의 음성이 늘 귀에 쟁쟁하다. 주가 나와 동행을 하면서 나를 친구 삼으셨네. 우리 서로 받은 그 기쁨은 알 사람이 없도다. 밤 깊도록 동산 안에 주와 함께 있으려 하나 괴로운 세상에 할 일 많아서 날 가라 명하신다……."

부처님도 아마 내 찬송가 소리는 좋다고 하실 거야. 가는 길이 다만 다를 뿐, 갈래갈래 여러 갈래 길. 사랑과 자비와 생명 세상을 꿈꾸는 하나의 목적 안에서 이웃 종교는 든든한 친구 사이다. 말로만이 아니라 몸으로 직접 실천해야 우정은 더욱 탄탄해질 것이다. 각시붓꽃 피어 있는 산길에 접어들면 콧노래를 부르며 노래공장을 찾는다. 내 노래공장은 당분간 일철 스님 계시는 무등산 증심사 골짜기다.

마중물

비 오시면 흙탕물 벌건 황톳길, 빈 들을 가로질러 흰 구름이랑 흘러가는 신작로 길, 징글징글한 논두렁 밭두렁 논둑길……. 새처럼 자유롭고 별처럼 고독한 농부가 그 길을 따라 뚜벅뚜벅 돌아오는 시간이렷다. 종탑 아래 웅크리고 앉아 우편배달부를 진종일 기다리고, 아침 일찍 마실 나가 소식 없는 어머니를 기다리는데 서편 하늘 노을이 타올라 버들잎처럼 푸르던 산하는 붉게, 할매의 몸뻬처럼 짙게 물들어 가고 있음이어라.

나비와 벌이 붕붕거리던 꽃밭이 어둠에 잠길 시간, 뼛골 빠지게 일을 하고 돌아오는 농부를 위해서 종줄을 잡고 만종을 울린다. 내가 드리는 선물, 사랑과 위로와 격려인 종소리.

오래 전 이 동네에 순례자처럼 찾아와 교회당 종을 치듯 시 한 수 쓰고 들려드린 일이 있었다.

우리 어릴 적 작두샘에 물 길어 먹을 때
마중물이라고 있었다
한 바가지 먼저 윗구멍에 붓고
부지런히 뿜어대면 그 물이
땅속 깊이 마중 나가 큰물을 데불고 왔다
마중물을 넣고 얼마간 뿜다 보면
낭창하게 손에 느껴지는 물의 무게가 오졌다
누군가 먼저 슬픔의 마중물이 되어준 사랑이
우리들 곁에 있다
누군가 먼저 슬픔의 무저갱으로 제 몸을 던져
모두를 구원한 사람이 있다
그가 먼저 굵은 눈물을 하염없이 흘렸기에
그가 먼저 감당할 수 없는 현실을 꿋꿋이
견뎠기에

나와 당신이 마중물이 되었으면 하고 바라며 쓴 〈마중물〉이라는 시였다. 어린 것만 보아도 젖이 도는 엄마들은 이미 마중물임이 분명하다. 그런 엄마가 살고 계시는 고향으로 돌아가 조그만 교회를 차렸다. 쉬이 부서지는 두부처럼 여린 가슴을 안고 시작한 목회, 정결한 신심 말고는 모든 게 서툴고 엉망인 목사였다. 그러나 순박한 교우들은 내게 천사의 모습으로 나타났고, 날 아끼고 사랑하여 마음공부도 시키고, 날마다 재밌는 이야깃거리를 한 아름씩 안겨주셨다.

일요일 예배 시간에 느닷없이 "저그요! 목사님……." 하고 누가 손을 높이 들어서 보았더니 진등댁 할매였다.

"왜요?"

"조퇴할라는디 나 잔 시켜주쇼."

"허허…… 무슨 일이신데요."

"밖에 잔 보시란 말이요. 소낙비가 안 내리능가요. 마당에 빨래도 널어놨고 고추도 뽀슬라고(빻으려고) 팽상에 널어 놨당게요."

설교의 절정부였는데 이하 내용은 죄다 까먹을밖에. 할머니는 말씀과 동시에 조퇴해 밖으로 나가셨다. 학교에서 조퇴는 봤어도 교회에서 조퇴는 처음 보았다. 내가 이 시 〈마중물〉을 처음 낭송했던 날 예배 풍경이 그랬다.

햇살 쨍쨍한 날, 빨래가 보송보송 잘 마를 법한 날에도 할매는 또다시 조퇴를 감행했다. 마음은 콩밭에 가 있는 이런 귀여운 분들이 주눅 들지 않고 큰 소리 높이며 떵떵거리는 재미난 시골 교회를 꿈꿨다.

요란하게 찬송가를 부르며 박수를 치는 일도 없고, 아멘을

크게 외치는 일도 없는 조용한 교회. 매 주일 찾아와 내 수염 텁수룩한 꼴을 봐야 하는 고충과 쇼맨십 제로인 답답한 목소리를 빼면 스펙터클 어드벤처 흥미 만점인 일상들이 쉼 없이 이어졌다. 젊은 목사의 설교는 기존에 들어왔던 성경 말씀과 정반대에 가까워서 교인들은 대부분 뜨악해 했다. 축복보다는 감사를, 부요함보다는 자족을, 기적보다는 일상에 집중하자고 설교했다. 열광의 도가니 대신 사랑의 도가니가 되도록 밑불을 지펴갔다. 불의와 전쟁이 판치는 세상에 정의와 생명과 평화를 이야기하는 것이야말로 방언이요, 예언이라 말씀드렸다. 큰소리로 기도하지 말자고 했다. 세상에 넘치는 큰소리들…… 우리는 나지막이, 조용조용 말을 하자고 했다.

그러나 큰소리로 기도하길 즐기고 죄책감에 질질 짜는 게 다반사이던 분들은 하나둘 다른 교회로 떠나갔다. 왕왕거리던 기도 소리가 걷히자 교회당에 비로소 산새들이 찾아와 지저귀고 풀벌레가 편안히 울기 시작했다.

많던 예배들을 없애고 일주일에 딱 한 번, 일요일 오전 예배만 드리자고 했다. 서로 그리울 때 만나자 했다. 그립지 않은 분은, 보고 싶지 않은 분은 한 달이고 두 달이고 오지 않아도 된다고 말씀드렸다. 교회에 다니지 않아도 충분히 모두가 하늘의 축복을 누리고 살게끔 중보기도를 바쳤다.

과잉된 수직보다 부족한 수평에 대해 늘 고민하자 했다. 감자꽃 피는 데서 감자를 캐고 고구마 줄기 밑에선 고구마를 캐자고 했다. 농사짓 듯 정직하게 살자 했다. 복권당첨 같은 기적을 구하지 말자고 했다. 그게 바른 예배, 사람다운 삶의 자세가 아니겠냐며…….

입이 닳은 사람보다 구두 뒤축이 닳은 사람, 그렇게 몸으로 살자고…….

〈마중물〉을 여기저기 찾아 가 낭송하였다. 경운기 모는 소리, 달개비가 피는 소리보다 멋진 목청은 아니지만, 그래도 마중물을 여기저기 부어드렸다. 어디에선가 큰물이 땅속 깊은 데서 올라오고 있다는 걸 예감하는 것만으로 기꺼이 보람찼다.

똥 누고 날아가던 새가 다시 돌아와 꽃씨를 떨어뜨려주는 아침이 오면 오만 가지 슬픔과 다툼까지 일거에 양지뜸에서 볕을 쬐였다. 그런 아침엔 '숭헌 일'(안타까운 일) 당하신 분들도 오랜만에 활짝 웃음을 머금고는 했다. 애잔한 사람들, 각자 마중물이 되어 먼저 울어야 했던 운명들, 그들을 위로하면서 목사는 자전거로 동네 한 바퀴를 돌고는 했다. 별들이 일렁거리고 수런거리는 밤이 되면 네온사인 십자가도 없는 시골 교회당, 삐걱거리는 장의자 아래에서 낙타처럼 무릎을 꿇고 기도를 바치고는 했다.

날품팔이 막노동판 전전하던 사내가 농사짓겠다고 입농하면 〈마중물〉을 손글씨로 눌러써서 선물하기도 했다. 사람 돌아오는 농촌이 되었으면 해서 글씨를 쓰는 손끝까지 간절하였다.

시오릿길 등짐 진 장날, 학교 담벼락의 낙서를 보았는데 어떤 아이가 썼는지 글쎄 〈마중물〉 일부가 보였다. 아이들의 입에서 입으로 송사리 떼처럼 헤엄쳐 퍼져나간 시는 작자미상의 무명씨 글로 떠돌기 시작했다. 급기야 장학재단 이름이 되기도 하고 대안학교가 되기도 하고 조합 이름이 되기도 하고…… 작은 기도, 작은 불씨 하나가 이렇게 큰불을 일으키고 있다. 생명수 마중물이 온 누리로 흘러넘치길…….

| 초판 작가의 말 |

젊은 종지기의 사랑노래

해 저녁 꽃상여 떠나간 한갓진 동네를

안쓰럽게 감싸 안는

저녁 종소리.

언덕배기 새하얀 교회당에서

노을을 무대로 울려 퍼지는 저녁 종소리.

나 어렸을 적 툇마루 벽에 걸려 있던 밀레의 〈만종〉을 기억한다.

나도 그런 그림을 그리고 싶었다.

화가가 되고 싶었다.

그러나 그림 속 멀리 보이던 교회당의 목사가 되어 살고 있다.

종지기 목사가 되어 살고 있다.

종교를 뛰어넘어 그 상냥한 밀어에

가슴마다 허물어지던 시절이 있었다.

확성기로 고막 터지게 틀어놓은 찬송가 차임벨도 아니고

예배 시간을 알리는 교인들만의 종소리도 아니고
일손 놓고 그만 집에 돌아가 밥 지어 드시라고 알리는
자상한 종소리.
공사판으로 바쁜 걸음인 일당벌이 인생들을 담고 두 손을 모은
새벽 종소리.
노느라 정신없던 막내의 흙 묻은 손바닥을 털게 하는
엄마 목소리인 종소리.
논두렁을 걸어오던 주름살 깊은 농부는 좋은 세상을 기도하고
공장을 나온 누나는 고향집 어머니 생각에 눈시울 뜨겁고
사랑하는 사이들은 잡고 있던 손을 더욱 세게 쥐겠지.
그대 귀에 시방 이 종소리가 들려오는가.

글을 쓴다.
글을 벗 삼아 먼 길을 걸어왔다.
폼 잡고 서서 이렇게 살아라 저렇게 살자 열변이 부끄러워
나를 목사라 부르는 것도 목사 일을 보는 것도 어색하고 불편하다.
다만 닫힌 세상에 열린 신앙으로 살아가는
한 사람의 순례자이고 싶을 뿐.
전업하여 농부가 되기에는 팔뚝이 너무 가늘어 한 뙈기

농사도 힘에 부쳐 골골거리는 형편이다.

그러나 일상은 나의 스승.

일상의 깨달음을 날것 그대로 옮기는 나의 글쓰기.

그리하여 출생한 아들내미 딸내미 같은 글들은

책으로 속속 묶어지고 있다.

명색 시인이 내야 할 시집은 내지 않고 만날 이런 짓이다.

만상을 토막 내어 몇 마디 시어로 함축 요약하지 못하는

작가로서의 미숙함 때문이기도 하거니와

진짜배기 시인인 내 이웃들의 맛깔스러운 소리자락,

보따리째 풀어 놓는 님들의 하소연, 한탄, 푸념, 혹은 욕설 따위의

놀라운 시어와 쩡쩡 얼음장 무너지는 소리와

매미와 귀뚜라미와 휘파람새와 눈보라의 시 낭송 앞에

감히 명함을 내밀기가 주저되기 때문이다.

그러니, 장황한 긴 글은 당분간 더 써야 할 듯싶다.

2001년 남녘 강진에서

어깨춤 임의진

흰 구름이 서편에 붉게 붉게 흘러서 가듯

이 가난한 시절, 붉은 앵두가 보따리로 열리는 풍성한 축복이여.

처음 《종소리》라는 이름으로 선보였던 책의 두 번째 개정판을 펴낸다. 그러니까 세 번째 표지가 되겠는데, 이는 한없는 사랑에 대한 답례요 수십 년 세월이 지나도 남겨져 있는 사랑의 물결자국이란 생각이다.

안식년을 달라 청하고 10년을 채운 뒷날 남녘교회를 훌쩍 떠났다. 교회와 내 이름이 중복되고, 잦은 손님들로 난망해진 내 영혼을 어디론가 피정하여 주고자 함이었다. 그러고는 길에 취해 그만 다시 돌아가지 못했다. 나는 떠돌이별, 남녘은 붙박이별이 된 것이다.

순례자에게는 올바른 노릇이리라. 무엇을 더 각오하고 무슨 이야기를 더 할 수 있었겠는가. 사방에 사과꽃 향기가 울리던 어느 봄날 나는 침묵하면서 내가 입 맞춘 별들을 그저 추억하기로 작정하였다.

이곳 담양 땅에 건너와 또 다시 10년 세월이 흘렀다. 이쪽 동네 얘기는 경향신문에 매주 담아가고 있는데,《앵두 익는 마을》이나 진배 없는 풍경들이다. 가난하고 외로워도 정으로 깡으로 버티고 살아가는…….

치기 어린 시절, 그러나 사랑으로 충만했던 옛 기억을 떠올려본다. 하얀 구름이 서편으로 흘러가듯, 목장 소녀가 나이 들어 시집을 가듯 나는 이 책을 우체국에서 소포로 부치고, 빛바랜 추억으로 간직하련다.

오늘이 오직 내 순례길. 흰 구름이 떠나가듯 내 잘못도 내 부끄러움도 그저 떠나보내 주시기 바란다. 이 개구쟁이의 철딱서니 없는 얘기를 읽어주신 분들의 흰 구름마다 달디 단 솜사탕으로 바뀌었으면 좋겠어.

그림을 주신 홍성담 선생님께 이 자리를 빌어 감사 말씀 올리며…….

안녕!

2014년 남녘땅 담양 수북면에서

어깨춤 임의진

앵두 익는 마을

지은이 임의진

발행인 김현주 **편집장** 한예솔 **디자인** 노병권 **마케팅** 한희덕

등록 2008년 12월 1일 제 396-2008-000090호

주소 (410-909) 경기도 고양시 일산동구 호수로 340-38. 1016호(비잔티움 1단지)

주문 및 문의 전화 070-7763-7200 **팩스** 031-907-9420

2014년 5월 1일 펴낸 책(개정판 제1쇄)

ISBN 978-89-97454-10-5 03810

* 값은 뒤표지에 있습니다. 잘못 만든 책은 교환해드립니다.

이 도서의 국립중앙도서관 출판시도서목록(CIP)은 서지정보유통지원시스템 홈페이지(http://seoji.nl.go.kr)와 국가자료공동목록시스템(http://www.nl.go.kr/kolisnet)에서 이용하실 수 있습니다.(CIP제어번호: CIP2014011787)